Meine schönsten Lern-Mandalas

Englisch

Englischen Wortschatz und
erste Sätze trainieren mit Mandalas.

1. – 4. Klasse

Max Mall (Teile 1 und 2)
Britta van Hoorn (Teil 3)

Bibliografische Information der Deutschen Natinalbibliothek
Die Deutsche Nationalbibliothek verzeichnet diese Publikation in der Deutschen Nationalbibliografie; detaillierte bibliografische Daten sind im Internet
über http://dnb.d-nb.de abrufbar.

Auflage 6. 5. 4. 3. 2. | 2014 2013 2012 2011 2010
Die letzten Zahlen bezeichnen jeweils die Auflage und das Jahr des Druckes.

Dieses Werk folgt der reformierten Rechtschreibung und Zeichensetzung.

Umschlaggestaltung: Sabine Kaufmann, Stuttgart
Druck: Medienhaus Plump, Rheinbreitbach
ISBN 978-3-12-920069-8

9 783129 200698

Liebe Eltern,

mit diesen wunderschönen Lern-Mandalas lernen Ihre Kinder spielerisch Englisch. Sie werden sehen, schon bald verwenden die Kinder ganz lässig die einfachen Sätze, die sie während des Ausmalens gehört und nachgesprochen haben. Mit Hilfe der Bilder begreifen die Kinder auch, was sie sprechen.

So funktioniert's:
Egal, ob die Kinder den englischen Satz bereits lesen wollen, können, sollen oder nicht: alle Vorlagen können bearbeitet werden!

Wenn die Kinder das Schriftbild nicht erlesen sollen:
Die Kinder haben Bleistifte und Buntstifte bereitliegen. Sie sagen den Kindern, dass Sie die Wörter und Sätze der Reihenfolge nach vorlesen, also von 1 beginnend, das erste Mal mit der Nummer (z. B. 1: Who is that?). Sie lesen also das Wort oder den Satz vor, die Kinder sprechen nach. Das tun Sie und die Kinder mit jedem Wort oder Satz mehrmals. Dabei suchen die Kinder das passende Bild und tragen neben der Farbangabe beim Wort die Kennnummer ein. Wenn alle Wörter oder Sätze genannt sind, malen die Kinder zur Selbst-kontrolle das Mandala entsprechend den Nummern farbig aus. Bei den Mandalas ohne Kennnummern (Teil 2: 3, 11 und 16) lesen Sie einfach pro Bild die Auswahlwörter oder -sätze vor. Und bei den Bastelmandalas (Teil 2: 8, 13, 18 und 23) werden Bilder auf die passenden Textfelder geklebt. Ggf. sollten Sie die auszuschneidenden Teile vor der Bearbeitung kopieren, um das Mandala auf der Rückseite nicht zu beschädigen. Da sich bei diesen Mandalas keine Farbkontrolle ergibt, sind sie jeweils als letzte eingeordnet, so dass die Kinder die Sätze schon mehrmals gehört haben und bereits recht sicher sind. Die Bearbei-tungsweise ergibt sich auf jeden Fall direkt aus jedem Mandala-Blatt.

Wenn die Kinder das englische Wort bereits lesen sollen:
Es ist wegen der korrekten Aussprache trotzdem sinnvoll, wenn Sie zuerst alle Sätze vorlesen und dann die Kinder selbstständig arbeiten lassen.

Dann werden die Mandalas ausgemalt.
Alle Mandalas sind gepunktet, d. h. vor dem Ausmalen sollen die Linien von den Kindern mit einem Stift nachgezogen werden. Das bereitet fast allen Kindern sehr viel Freude, kann aber u. U. Probleme bereiten, weil die Feinmotorik noch nicht ausreichend gestärkt ist. In diesem Fall dürfen die betreffenden Kinder auf das Nachziehen der Punktlinien verzichten und gleich mit dem entsprechenden Ausmalen beginnen. Denn schließlich soll die Bearbeitung der Mandalas von allen Kindern als entspannende und beruhigende Tätigkeit erlebt werden.

Übrigens:
Es wurden bewusst nur die Farben Rot, Blau und Gelb verwendet, damit sich auch Kinder mit einer Rot-Grün-Schwäche ungehindert beteiligen können. Die Bilder werden trotzdem bunt, denn es gibt genügend Flächen ohne Farbangaben, die die Kinder nach eigenem Gutdünken ausmalen dürfen.

Viel Freude mit diesem Heft wünscht Ihnen und Ihren Kindern,

der Schlaumeier

PS: Am Ende des Heftes finden sie noch Aus-mal-Mandalas zur Entspannung von leicht bis schwer.

Inhalt Teil 1 – Wortschatz

1. People in the family

A rot

B blau

C gelb

D rot

E blau

F gelb

G rot

H blau

I gelb

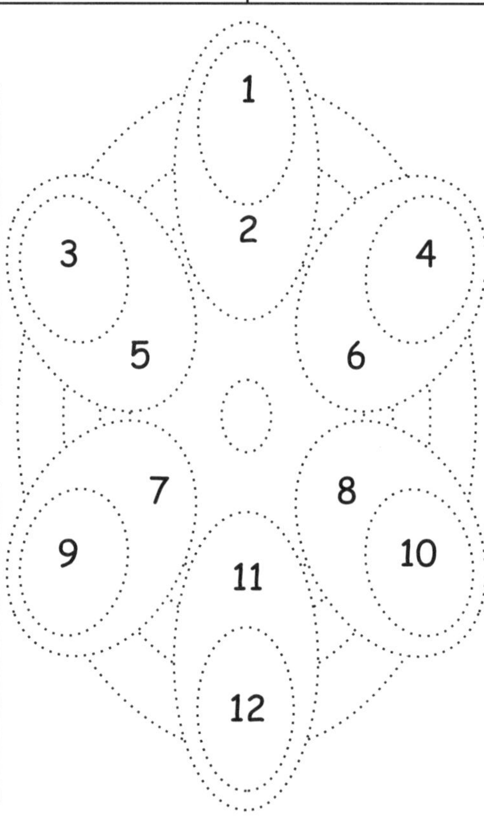

J rot

K blau

L gelb

- a grandmother (1)
- a mother (2)
- a girl (3)
- a sister (4)
- a son (5)
- a grandfather (6)
- a father (7)
- a brother (8)
- a boy (9)
- a daughter (10)
- a woman (11)
- a man (12)

Zeichne die gepunkteten Mandala-Linien mit einem spitzen Stift nach!
Suche zu jedem Bild von **A** bis **L** das zugehörige Wort!
Schreibe dessen Kennzahl in das graue Feld unter dem Bild!
Male dann die Lösungsfelder im Mandala in den angegebenen Farben aus!
Die übrigen Felder kannst du ausmalen, wie du möchtest.

2. People in the family

A

rot: parents
blau: a son
gelb: a woman

B

rot: a mother
blau: a girl
gelb: a brother

C

rot: a daughter
blau: a sister
gelb: a man

D

rot: a boy
blau: a grandmother
gelb: a father

E

rot: a son
blau: parents
gelb: a woman

F

rot: a brother
blau: a girl
gelb: a mother

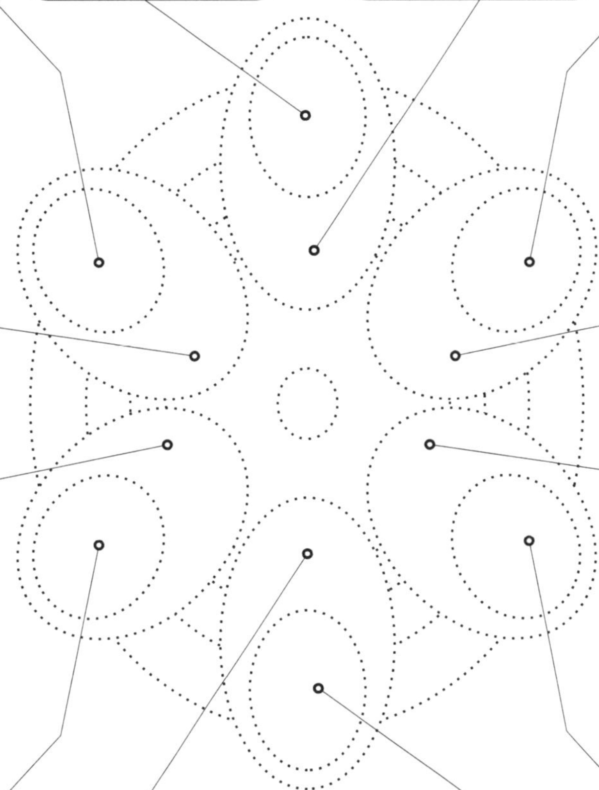

G

rot: a sister
blau: a daughter
gelb: a man

H

rot: a grandmother
blau: a boy
gelb: a father

I

rot: a son
blau: a woman
gelb: parents

J

rot: a brother
blau: a mother
gelb: a girl

K

rot: a man
blau: a daughter
gelb: a sister

L

rot: a grandmother
blau: a father
gelb: a boy

Zeichne die gepunkteten Mandala-Linien mit einem spitzen Stift nach!
Suche zu jedem Bild von **A** bis **L** das Wort, das am besten dazu passt, und kreise es ein! Male anschließend die Lösungsfelder im Mandala in den angegebenen Farben aus!
Die übrigen Felder kannst du ausmalen, wie du möchtest.

3. School

A rot

B blau

C gelb

D rot

E blau

F gelb

G rot

H blau

I gelb

J rot

K blau

L gelb

a board (1)	a satchel (2)	kids (3)
a chair (4)	a desk (5)	a classroom (6)
a teacher (7)	chalk (8)	a pen (9)
a playground (10)	a pencil (11)	a gym (12)

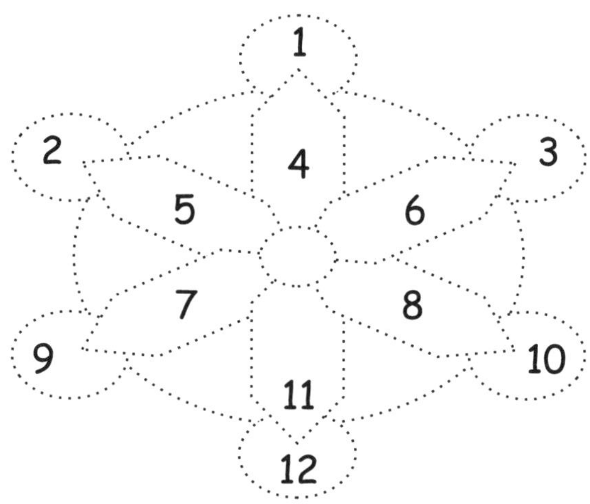

Zeichne die gepunkteten Mandala-Linien mit einem spitzen Stift nach!
Suche zu jedem Bild von A bis L das zugehörige Wort!
Schreibe dessen Kennzahl in das graue Feld oben rechts über dem Bild!
Male dann die Lösungsfelder im Mandala in den angegebenen Farben aus!
Die übrigen Felder kannst du ausmalen, wie du möchtest.

4. School

A rot

B blau

C gelb

D rot

E blau

F gelb

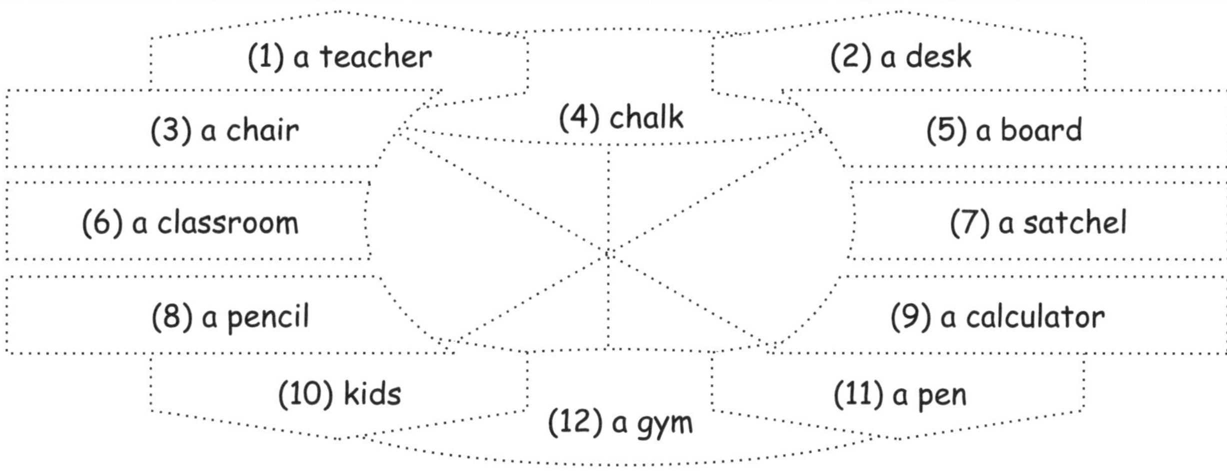

G rot

H blau

I gelb

J rot

K blau

L gelb

Zeichne die gepunkteten Mandala-Linien mit einem spitzen Stift nach!
Suche zu jedem Bild von **A** bis **L** das zugehörige Wort!
Schreibe dessen Kennzahl in das graue Feld oben rechts über dem Bild!
Male dann die Lösungsfelder im Mandala in den angegebenen Farben aus!
Die übrigen Felder kannst du ausmalen, wie du möchtest.

5. At home

A rot

B blau

C gelb

D rot

E blau

F gelb

G rot

H blau

I gelb

J rot

K blau

L gelb

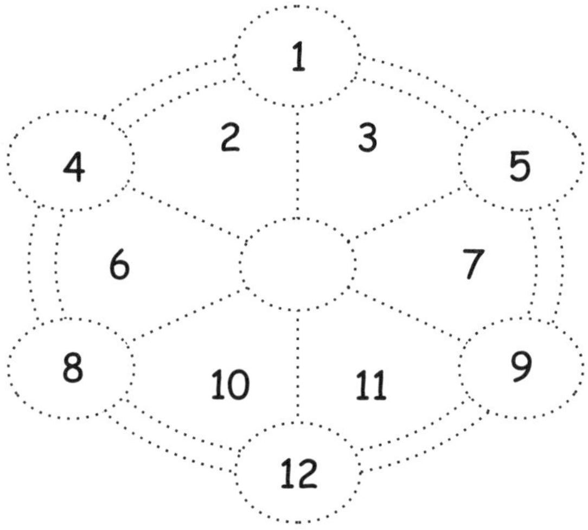

a toilet (1)	a carpet (2)	a table (3)
a cupboard (4)	a window (5)	a bed (6)
a door (7)	a kitchen (8)	a house (9)
a lamp (10)	an armchair (11)	a bathroom (12)

Zeichne die gepunkteten Mandala-Linien mit einem spitzen Stift nach!
Suche zu jedem Bild von A bis L das zugehörige Wort!
Schreibe dessen Kennzahl in das graue Feld oben rechts über dem Bild!
Male dann die Lösungsfelder im Mandala in den angegebenen Farben aus!
Die übrigen Felder kannst du ausmalen, wie du möchtest.

6. At home

A

rot: a telephone
blau: a house
gelb: a toilet

B

rot: a garage
blau: a lamp
gelb: a bathroom

C

rot: a cupboard
blau: a kitchen
gelb: a garden

D

rot: a bed
blau: a window
gelb: a door

E

rot: a telephone
blau: a toilet
gelb: a house

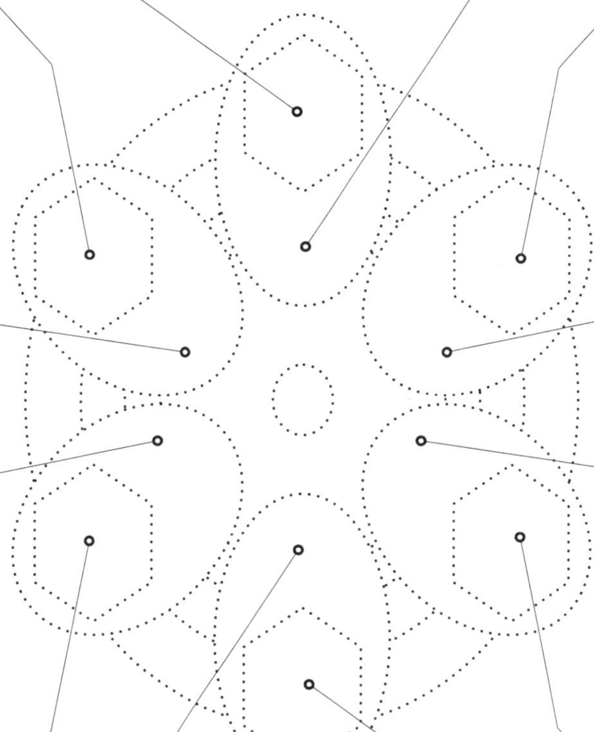

F

rot: a lamp
blau: a bathroom
gelb: a garage

G

rot: a kitchen
blau: a garden
gelb: a cupboard

H

rot: a door
blau: a window
gelb: a bed

I

rot: a house
blau: a toilet
gelb: a telephone

J

rot: a bathroom
blau: a garage
gelb: a lamp

K

rot: a garden
blau: a cupboard
gelb: a kitchen

L

rot: a window
blau: a door
gelb: a bed

Zeichne die gepunkteten Mandala-Linien mit einem spitzen Stift nach!
Suche zu jedem Bild von **A** bis **L** das Wort, das am besten dazu passt, und kreise es ein! Male anschließend die Lösungsfelder im Mandala in den angegebenen Farben aus! Die übrigen Felder kannst du ausmalen, wie du möchtest.

7. Food and drink

A rot

B blau

C gelb

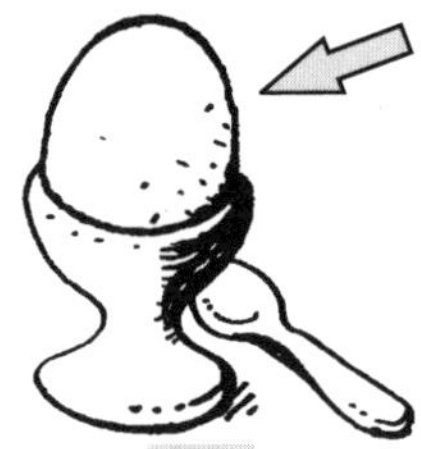

D rot

E blau

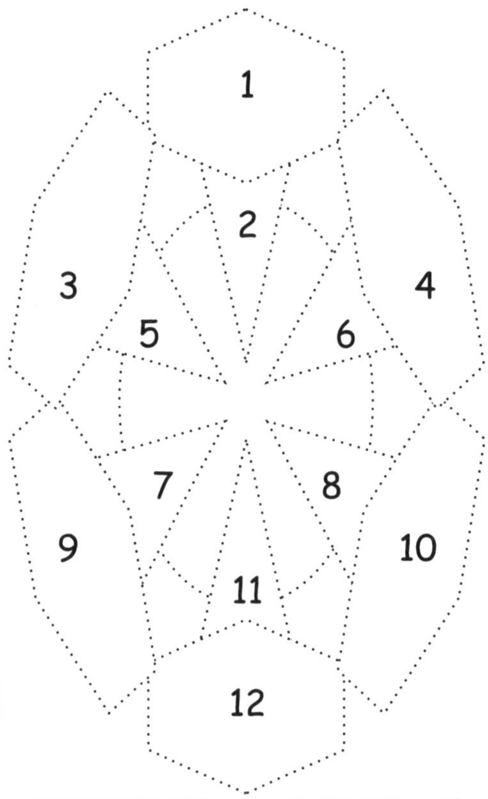

F gelb

G rot

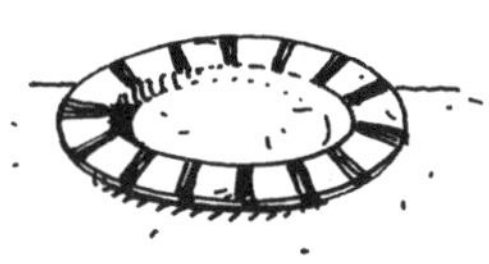

H blau

I gelb

J rot

K blau

L gelb

- a cup of cocoa (1)
- a banana (2)
- a glass of milk (3)
- toast (4)
- butter (5)
- a plate (6)
- an egg (7)
- an apple (8)
- cheese (9)
- a roll (10)
- a cup (11)
- a bowl of cornflakes (12)

Zeichne die gepunkteten Mandala-Linien mit einem spitzen Stift nach!
Suche zu jedem Bild von **A** bis **L** das zugehörige Wort!
Schreibe dessen Kennzahl in das graue Feld unter dem Bild!
Male dann die Lösungsfelder im Mandala in den angegebenen Farben aus!
Die übrigen Felder kannst du ausmalen, wie du möchtest.

8. Food and drink

A rot

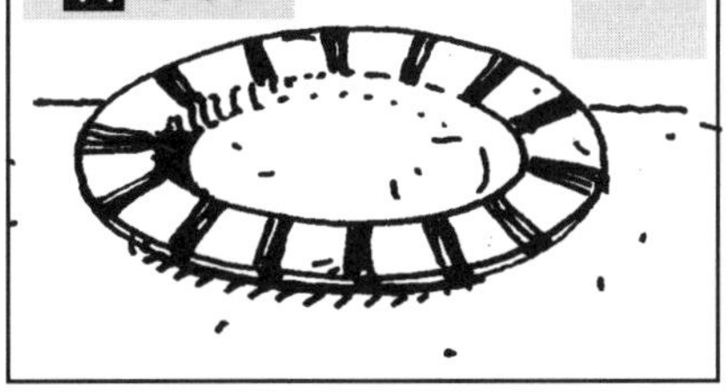

B blau

C gelb

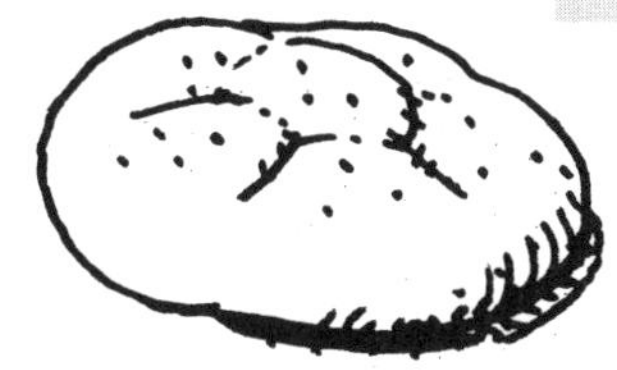

D rot

E blau

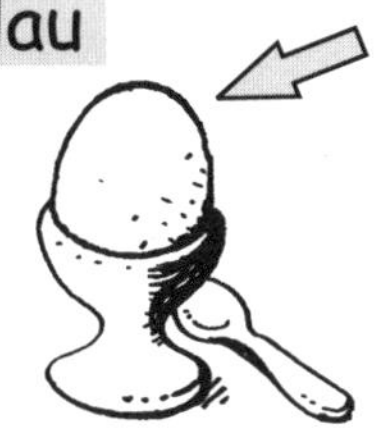

F gelb

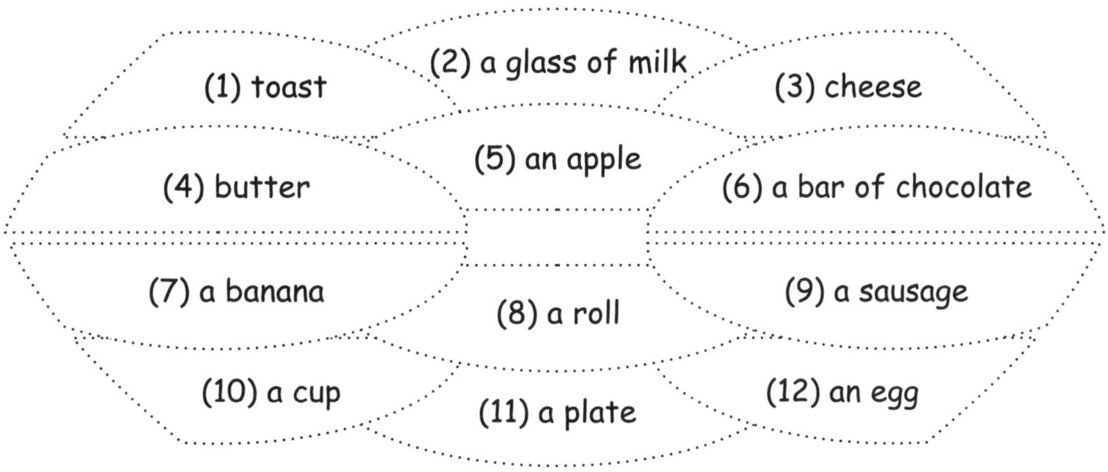

G rot

H blau

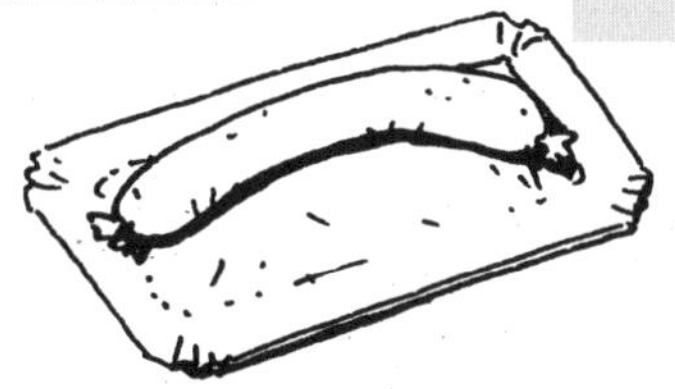

I gelb

J rot

K blau

L gelb

Zeichne die gepunkteten Mandala-Linien mit einem spitzen Stift nach!
Suche zu jedem Bild von **A** bis **L** das zugehörige Wort!
Schreibe dessen Kennzahl in das graue Feld oben rechts über dem Bild!
Male dann die Lösungsfelder im Mandala in den angegebenen Farben aus!
Die übrigen Felder kannst du ausmalen, wie du möchtest.

9. Free time

A rot

B blau

C gelb

D rot

E blau

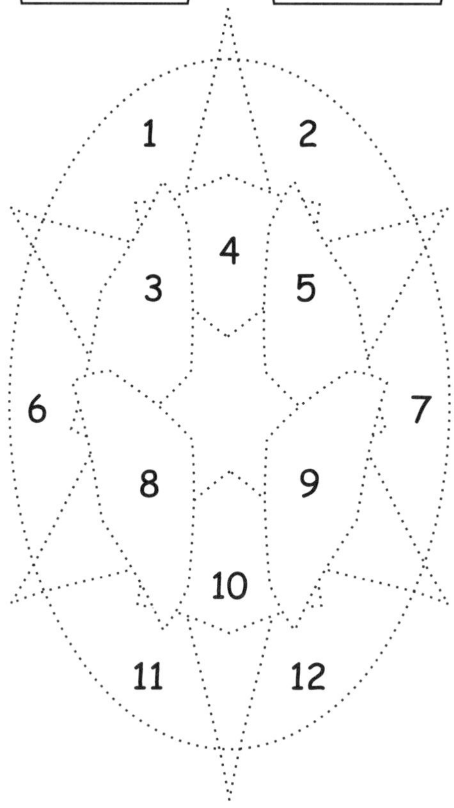

F gelb

G rot

H blau

- a ball (1)
- a radio (2)
- a kite (3)
- a CD-player (4)
- a helmet (5)
- a television (6)
- a skateboard (7)
- a book (8)
- (inline) skates (9)
- a scooter (10)
- a bike (11)
- a comic (12)

I gelb

J rot

K blau

L gelb

Zeichne die gepunkteten Mandala-Linien mit einem spitzen Stift nach!
Suche zu jedem Bild von **A** bis **L** das zugehörige Wort!
Schreibe dessen Kennzahl in das graue Feld unter dem Bild!
Male dann die Lösungsfelder im Mandala in den angegebenen Farben aus!
Die übrigen Felder kannst du ausmalen, wie du möchtest.

10. Free time

A

rot: (inline) skates
blau: a CD-player
gelb: a television

B

rot: a football
blau: a bike
gelb: a radio

C

rot: a helmet
blau: a scooter
gelb: a book

D

rot: a kite
blau: a comic
gelb: a skateboard

E

rot: (inline) skates
blau: a CD-player
gelb: a television

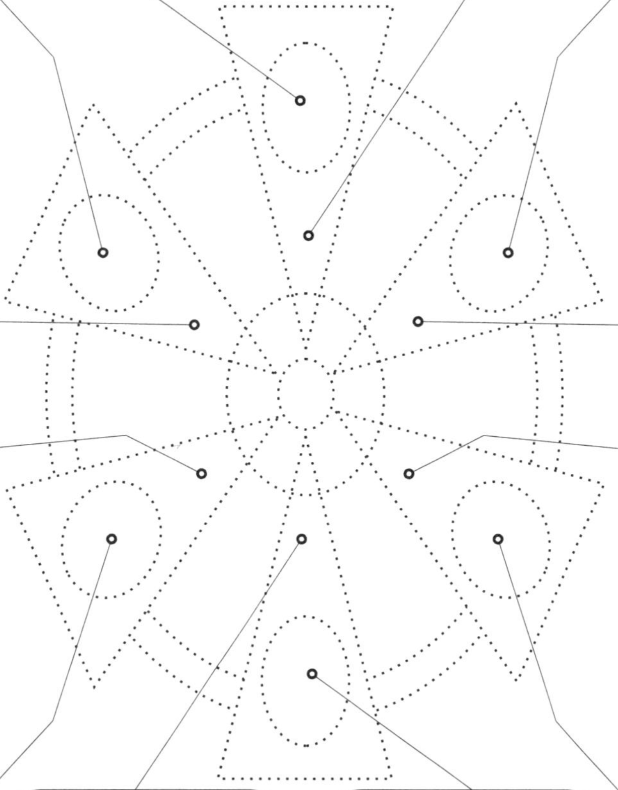

F

rot: a bike
blau: a radio
gelb: a football

G

rot: a book
blau: a helmet
gelb: a scooter

H

rot: a comic
blau: a kite
gelb: a skateboard

I

rot: a television
blau: (inline) skates
gelb: a CD-player

J

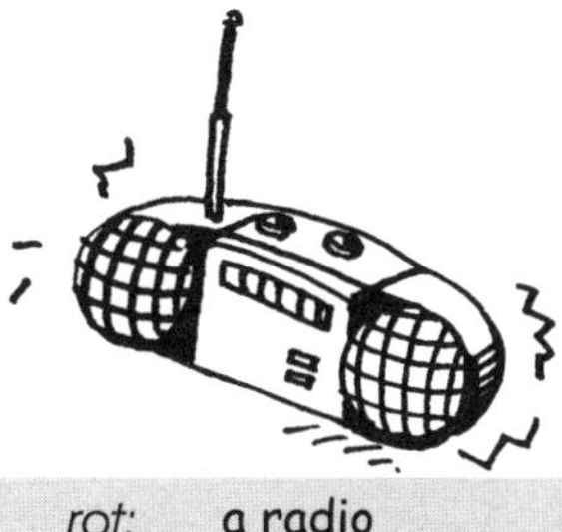

rot: a radio
blau: a football
gelb: a bike

K

rot: a scooter
blau: a book
gelb: a helmet

L

rot: a skateboard
blau: a kite
gelb: a comic

Zeichne die gepunkteten Mandala-Linien mit einem spitzen Stift nach!
Suche zu jedem Bild von **A** bis **L** das Wort, das am besten dazu passt, und kreise es ein! Male anschließend die Lösungsfelder im Mandala in den angegebenen Farben aus! Die übrigen Felder kannst du ausmalen, wie du möchtest.

11. Clothes

A rot

B blau

C gelb

D rot

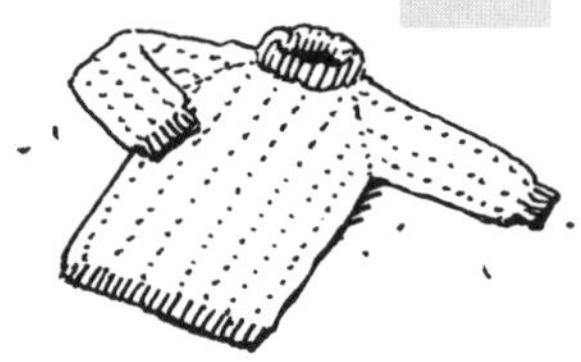

E blau

F gelb

G rot

H blau

I gelb

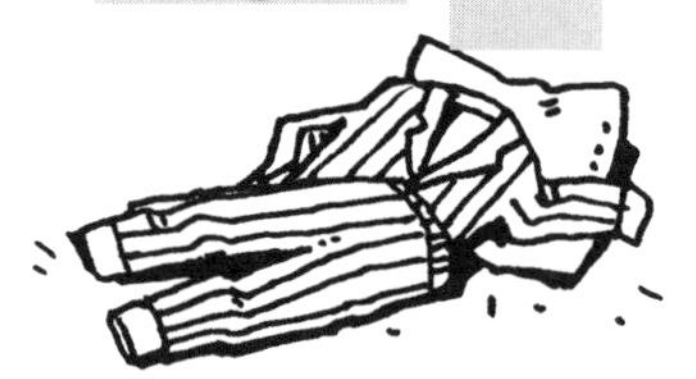

J rot

K blau

L gelb

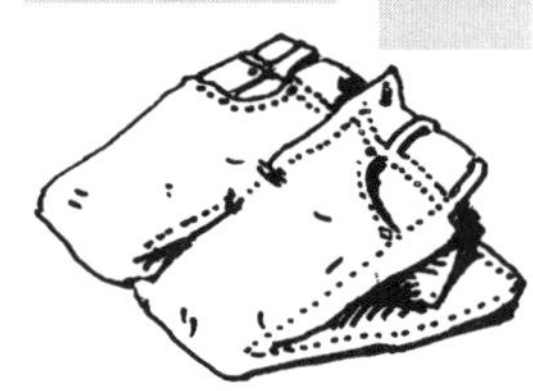

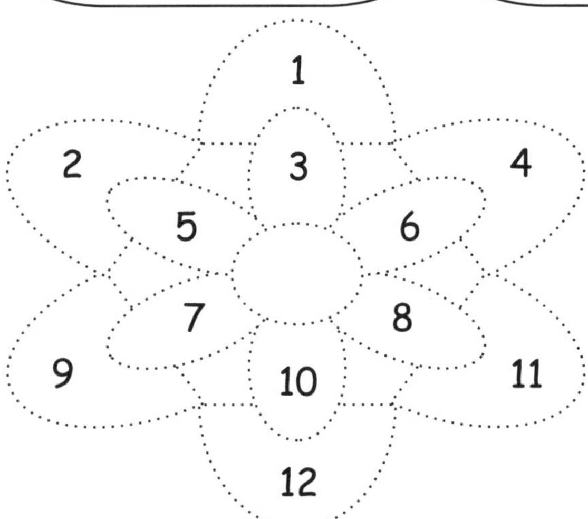

a jacket (1)	jeans (2)	a pair of gloves (3)
a pair of shoes (4)	a cap (5)	a top (6)
a pair of boots (7)	a sock (8)	pyjamas (9)
tights (10)	a coat (11)	a pullover (12)

Zeichne die gepunkteten Mandala-Linien mit einem spitzen Stift nach!
Suche zu jedem Bild von **A** bis **L** das zugehörige Wort!
Schreibe dessen Kennzahl in das graue Feld oben rechts über dem Bild!
Male dann die Lösungsfelder im Mandala in den angegebenen Farben aus!
Die übrigen Felder kannst du ausmalen, wie du möchtest.

12. Clothes

A rot

B blau

C gelb

D rot

E blau

F gelb

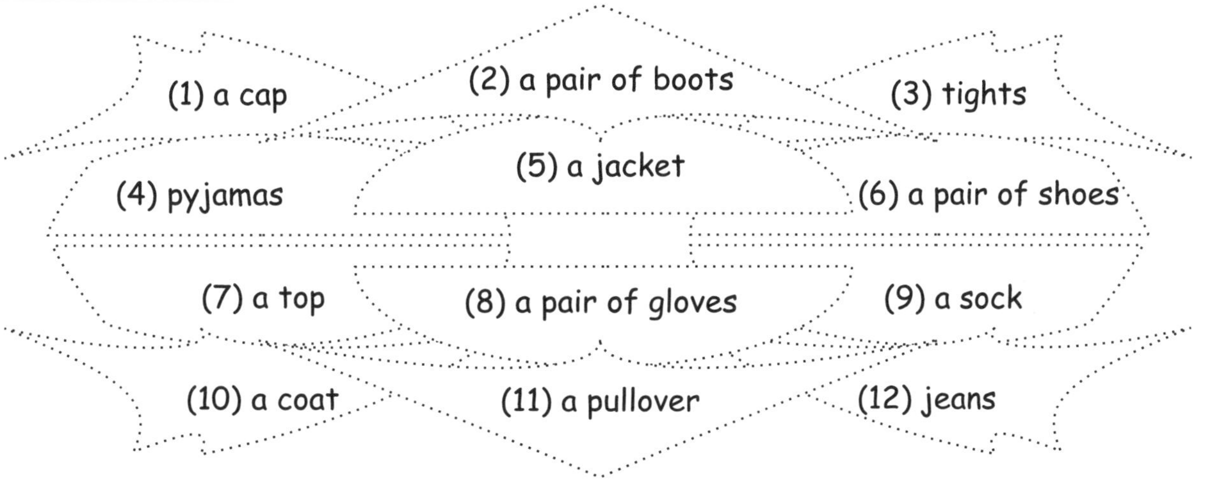

G rot

H blau

I gelb

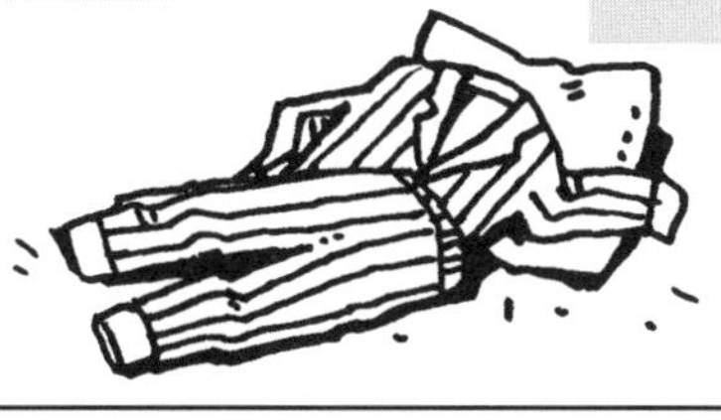

J rot

K blau

L gelb

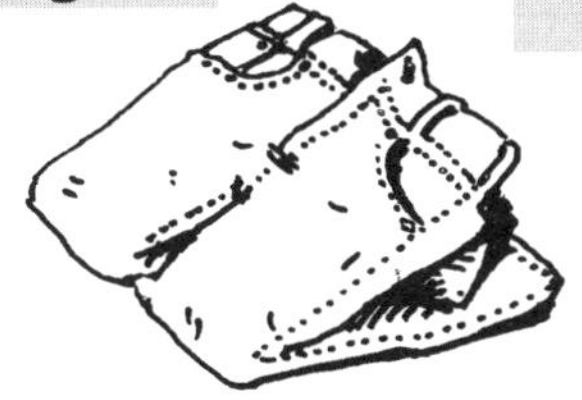

Zeichne die gepunkteten Mandala-Linien mit einem spitzen Stift nach!
Suche zu jedem Bild von **A** bis **L** das zugehörige Wort!
Schreibe dessen Kennzahl in das graue Feld oben rechts über dem Bild!
Male dann die Lösungsfelder im Mandala in den angegebenen Farben aus!
Die übrigen Felder kannst du ausmalen, wie du möchtest.

13. The body

A rot

B blau

C gelb

D rot

E blau

F gelb

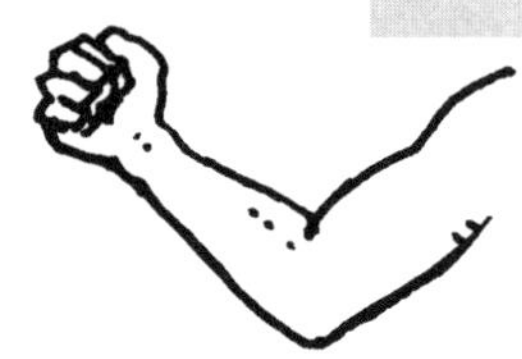

G rot

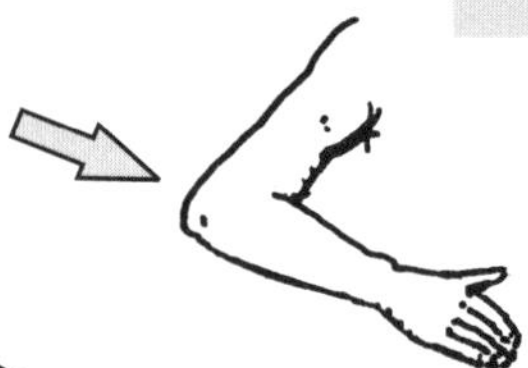

H blau

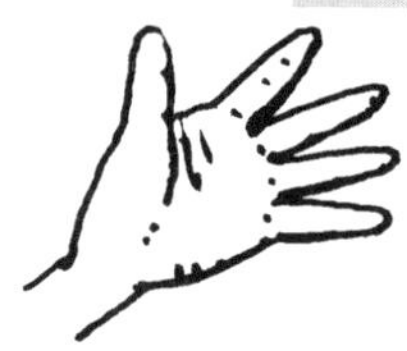

I gelb

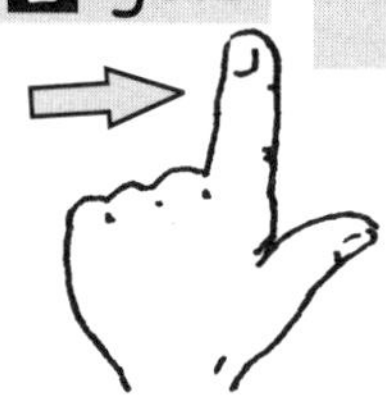

J rot

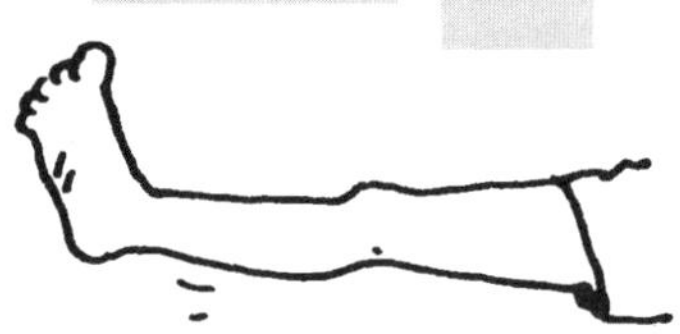

K blau

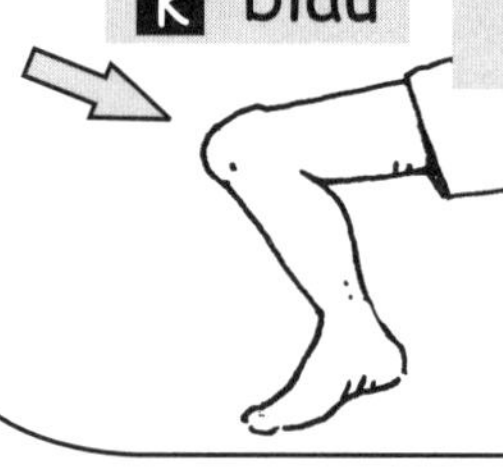

L gelb

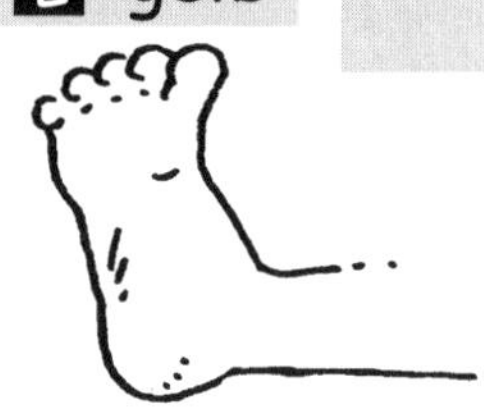

a finger (1)	a mouth (2)	a knee (3)
an ear (4)	a head (5)	a leg (6)
an elbow (7)	a nose (8)	an eye (9)
a hand (10)	an arm (11)	a foot (12)

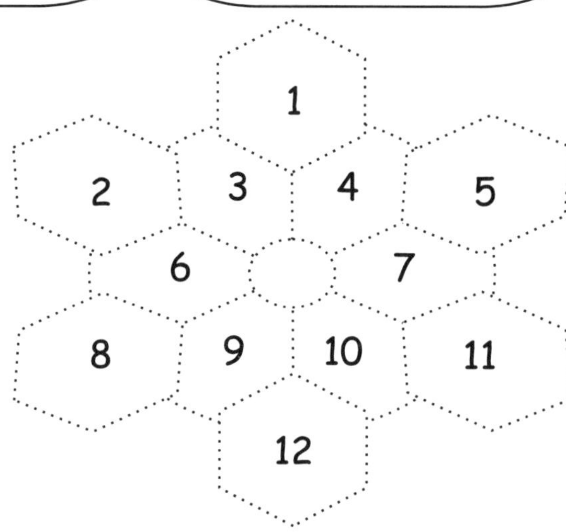

Zeichne die gepunkteten Mandala-Linien mit einem spitzen Stift nach!
Suche zu jedem Bild von **A** bis **L** das zugehörige Wort!
Schreibe dessen Kennzahl in das graue Feld oben rechts über dem Bild!
Male dann die Lösungsfelder im Mandala in den angegebenen Farben aus!
Die übrigen Felder kannst du ausmalen, wie du möchtest.

14. The body

A

rot: an eye
blau: an arm
gelb: a head

B

rot: a nose
blau: a foot
gelb: a mouth

C

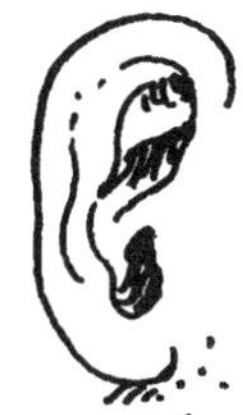

rot: an ear
blau: a finger
gelb: a hand

D

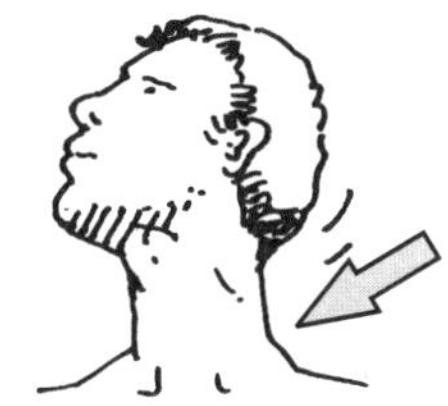

rot: a leg
blau: hair
gelb: a neck

E

rot: an arm
blau: an eye
gelb: a head

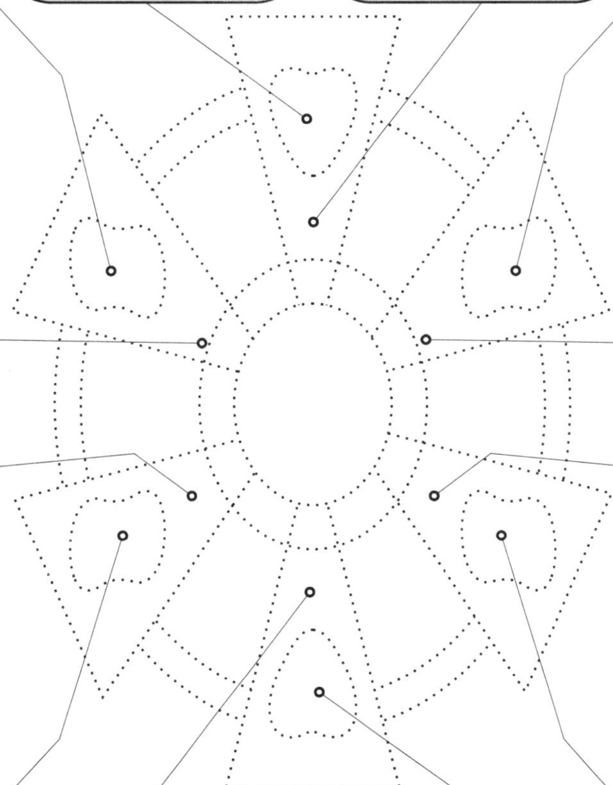

F

rot: a foot
blau: a nose
gelb: a mouse

G

rot: a hair
blau: a finger
gelb: an ear

H

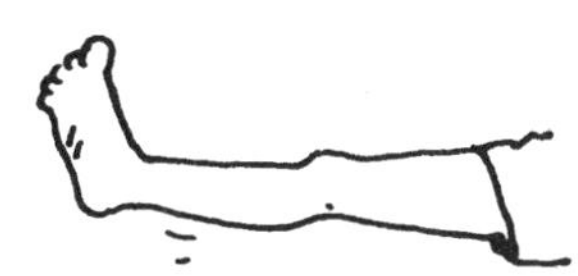

rot: a hand
blau: a leg
gelb: a neck

I

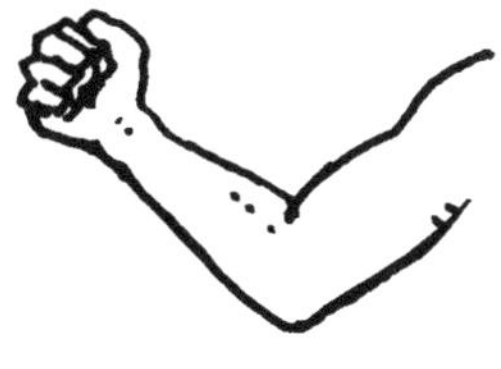

rot: an arm
blau: a head
gelb: an eye

J

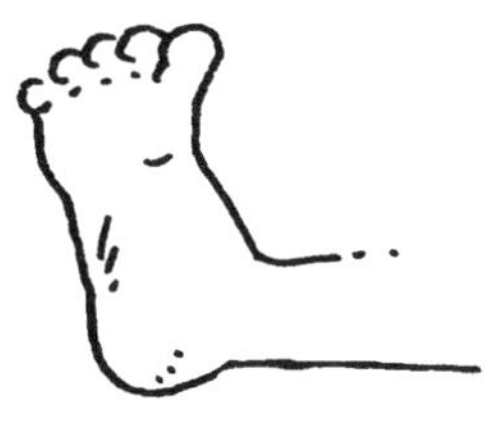

rot: a foot
blau: a mouth
gelb: a nose

K

rot: an ear
blau: a leg
gelb: a hand

L

rot: hair
blau: a neck
gelb: a finger

Zeichne die gepunkteten Mandala-Linien mit einem spitzen Stift nach!
Suche zu jedem Bild von **A** bis **L** das Wort, das am besten dazu passt, und kreise es ein! Male anschließend die Lösungsfelder im Mandala in den angegebenen Farben aus! Die übrigen Felder kannst du ausmalen, wie du möchtest.

15. Animals and pets

A rot

B blau

C gelb

D rot

E blau

F gelb

G rot

H blau

I gelb

J rot

K blau

L gelb

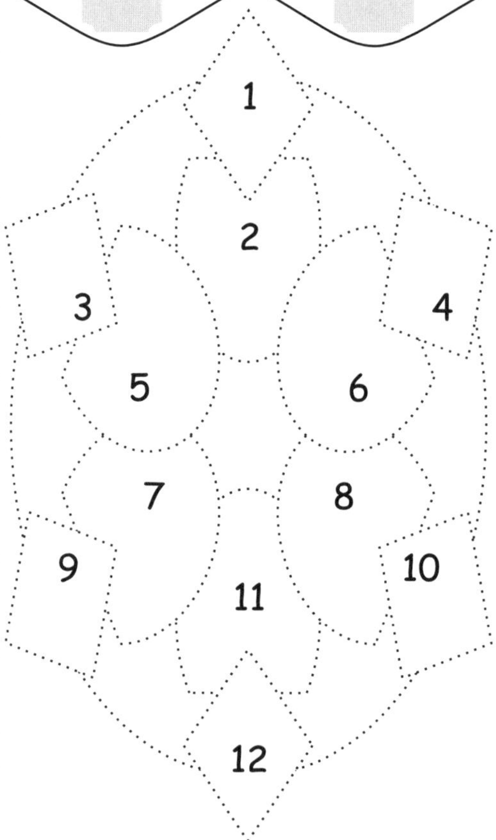

a bird (1)
a cat (2)
a hamster (3)
a chicken (4)
a sheep (5)
a dog (6)
a cow (7)
a tortoise (8)
a mouse (9)
a spider (10)
a rabbit (11)
a horse (12)

Zeichne die gepunkteten Mandala-Linien mit einem spitzen Stift nach!
Suche zu jedem Bild von **A** bis **L** das zugehörige Wort!
Schreibe dessen Kennzahl in das graue Feld unter dem Bild!
Male dann die Lösungsfelder im Mandala in den angegebenen Farben aus!
Die übrigen Felder kannst du ausmalen, wie du möchtest.

16. Animals and pets

A rot

B blau

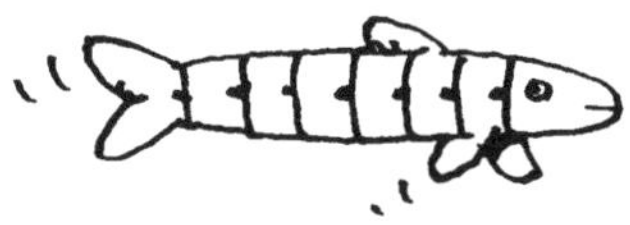

C gelb

D rot

E blau

F gelb

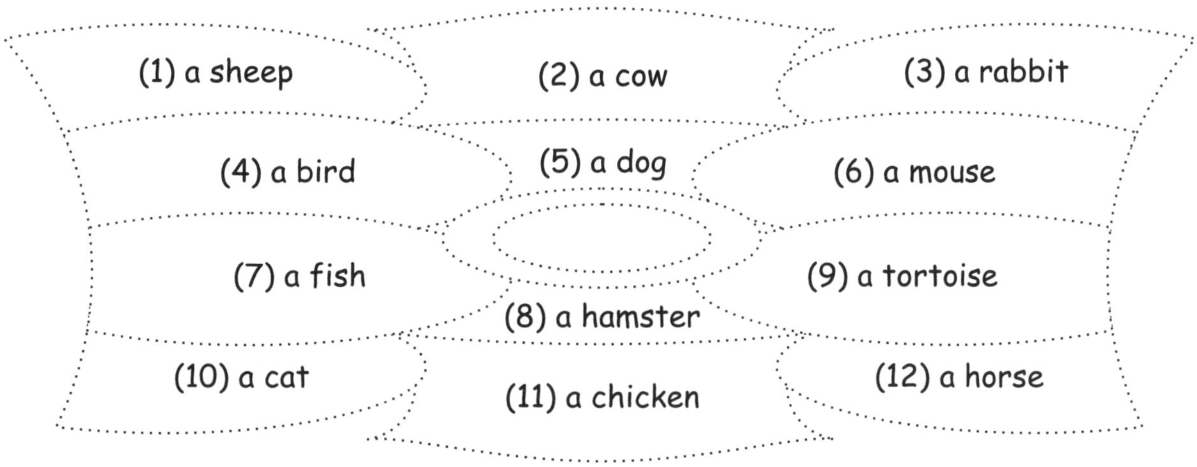

G rot

H blau

I gelb

J rot

K blau

L gelb

Zeichne die gepunkteten Mandala-Linien mit einem spitzen Stift nach!
Suche zu jedem Bild von **A** bis **L** das zugehörige Wort!
Schreibe dessen Kennzahl in das graue Feld oben rechts über dem Bild!
Male dann die Lösungsfelder im Mandala in den angegebenen Farben aus!
Die übrigen Felder kannst du ausmalen, wie du möchtest.

17. Toys

a plane (1)
cards (2)
a teddy bear (3)
a box (4)
an oven (5)
a car (6)
soft toys (7)
a lorry (8)
a doll (9)
a bus (10)
a block (11)
draughts (12)

A rot

B blau

C gelb

D rot

E blau

F gelb

G rot

H blau

I gelb

J rot

K blau

L gelb

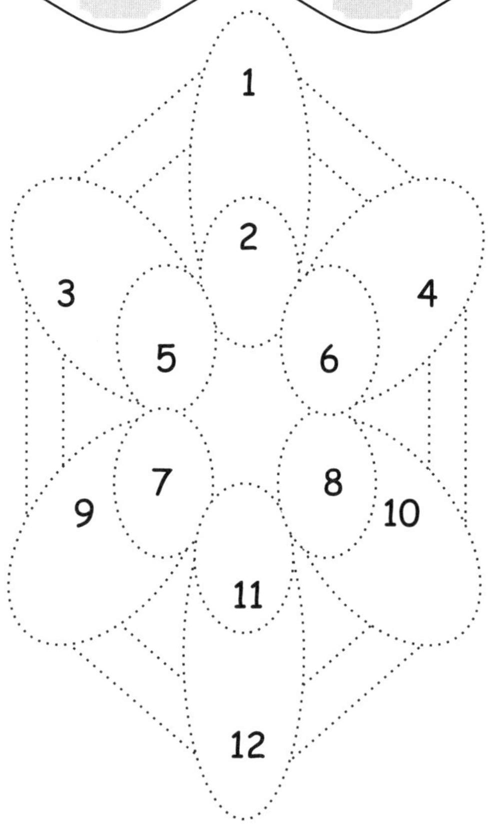

Zeichne die gepunkteten Mandala-Linien mit einem spitzen Stift nach!
Suche zu jedem Bild von A bis L das zugehörige Wort!
Schreibe dessen Kennzahl in das graue Feld unter dem Bild!
Male dann die Lösungsfelder im Mandala in den angegebenen Farben aus!
Die übrigen Felder kannst du ausmalen, wie du möchtest.

18. Toys

A

rot: soft toys
blau: a lorry
gelb: draughts

B

rot: a plane
blau: a doll
gelb: a box

C

rot: a car
blau: a train
gelb: cards

D

rot: a bus
blau: a block
gelb: a teddy bear

E

rot: draughts
blau: soft toys
gelb: a lorry

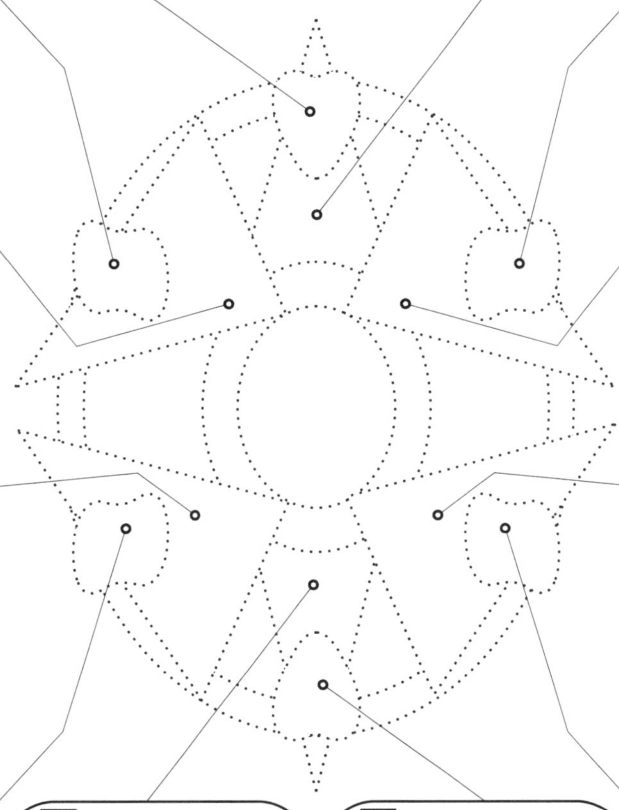

F

rot: a box
blau: a doll
gelb: a plane

G

rot: cards
blau: a train
gelb: a car

H

rot: a teddy bear
blau: a block
gelb: a bus

I

rot: soft toys
blau: a lorry
gelb: draughts

J

rot: a box
blau: a doll
gelb: a plane

K

rot: a car
blau: cards
gelb: a train

L

rot: a bus
blau: a block
gelb: a teddy bear

Zeichne die gepunkteten Mandala-Linien mit einem spitzen Stift nach!
Suche zu jedem Bild von **A** bis **L** das Wort, das am besten dazu passt, und kreise es ein! Male anschließend die Lösungsfelder im Mandala in den angegebenen Farben aus!
Die übrigen Felder kannst du ausmalen, wie du möchtest.

19. Shopping

A rot

B blau

C gelb

D rot

E blau

F gelb

G rot

H blau

I gelb

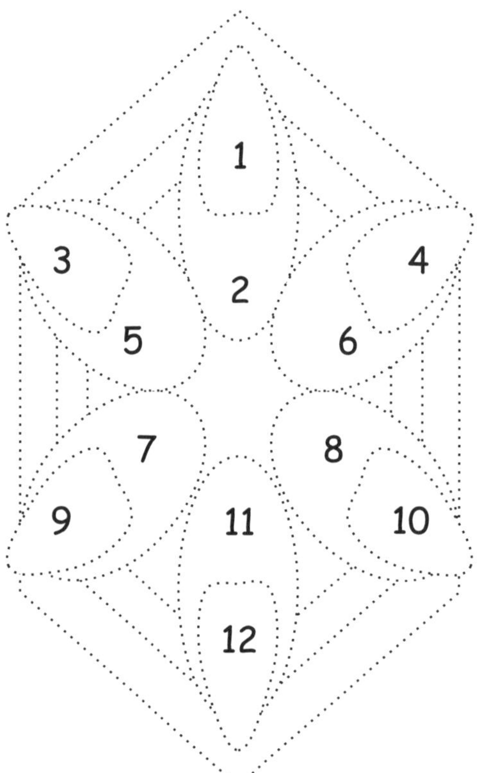

J rot

K blau

L gelb

- money (1)
- a shop assistant (2)
- a car park (3)
- a checkout (4)
- a trolley (5)
- a cubicle (6)
- a queue (7)
- a clothes rack (8)
- a bag (9)
- a shelf (10)
- an escalator (11)
- a supermarket (12)

Zeichne die gepunkteten Mandala-Linien mit einem spitzen Stift nach!
Suche zu jedem Bild von **A** bis **L** das zugehörige Wort!
Schreibe dessen Kennzahl in das graue Feld unter dem Bild!
Male dann die Lösungsfelder im Mandala in den angegebenen Farben aus!
Die übrigen Felder kannst du ausmalen, wie du möchtest.

20. Shopping

A rot

B blau

C gelb

D rot

E blau

F gelb

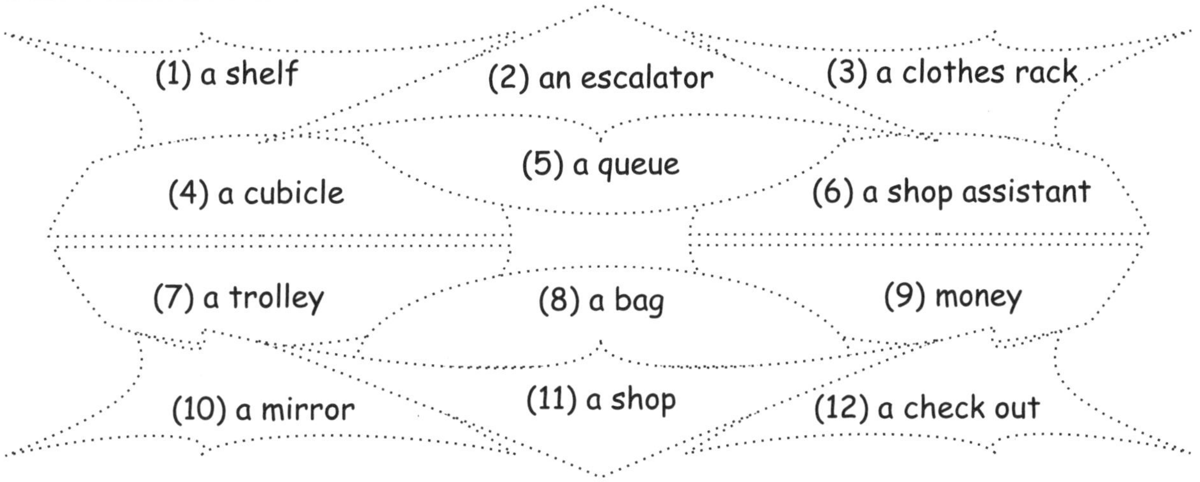

G rot

H blau

I gelb

J rot

K blau

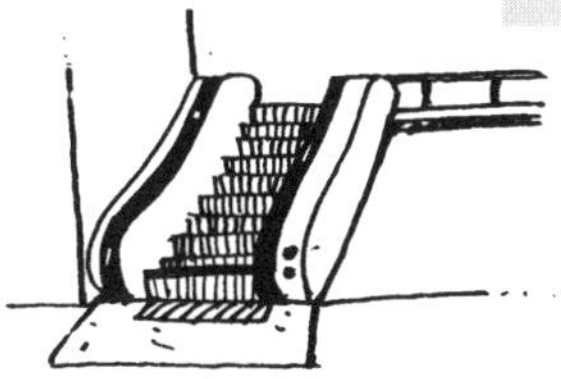

L gelb

Zeichne die gepunkteten Mandala-Linien mit einem spitzen Stift nach!
Suche zu jedem Bild von **A** bis **L** das zugehörige Wort!
Schreibe dessen Kennzahl in das graue Feld oben rechts über dem Bild!
Male dann die Lösungsfelder im Mandala in den angegebenen Farben aus!
Die übrigen Felder kannst du ausmalen, wie du möchtest.

21. Nature and weather

A rot

B blau

C gelb

D rot

E blau

F gelb

G rot

H blau

- warm (1)
- a pond (2)
- a tree (3)
- snow (4)
- fog (5)
- a leaf (6)
- a flower (7)
- sun (8)
- rain (9)
- cold (10)
- wind (11)
- a cloud (12)

I gelb

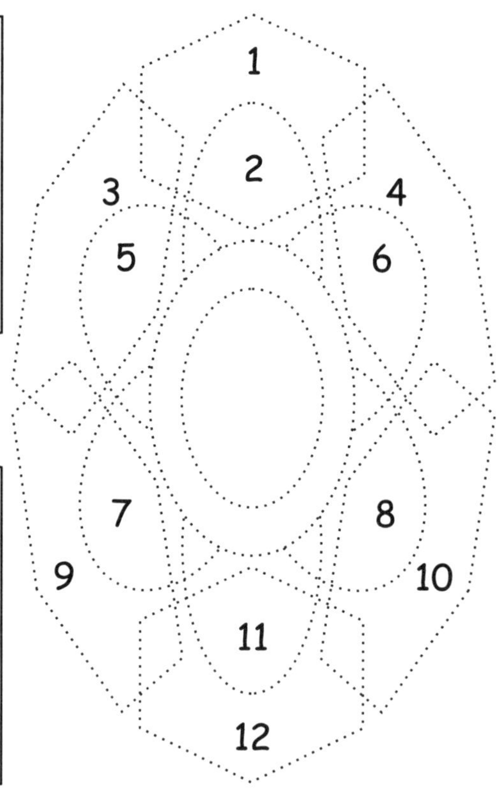

J rot

K blau

L gelb

Zeichne die gepunkteten Mandala-Linien mit einem spitzen Stift nach!
Suche zu jedem Bild von **A** bis **L** das zugehörige Wort!
Schreibe dessen Kennzahl in das graue Feld unter dem Bild!
Male dann die Lösungsfelder im Mandala in den angegebenen Farben aus!
Die übrigen Felder kannst du ausmalen, wie du möchtest.

22. Nature and weather

A

rot: a pond
blau: a cloud
gelb: a tree

B

rot: snow
blau: a leaf
gelb: wind

C

rot: warm
blau: a storm
gelb: a flower

D

rot: sun
blau: cold
gelb: rain

E

rot: a tree
blau: a pond
gelb: a cloud

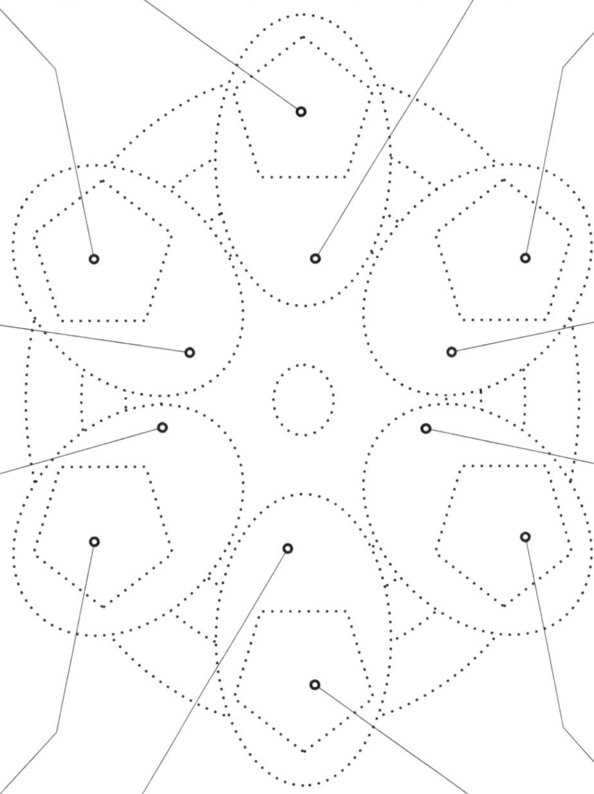

F

rot: a leaf
blau: wind
gelb: snow

G

rot: a flower
blau: warm
gelb: a storm

H

rot: rain
blau: cold
gelb: sun

I

rot: a tree
blau: a pond
gelb: a cloud

J

rot: wind
blau: snow
gelb: a leaf

K

rot: a storm
blau: a flower
gelb: warm

L

rot: rain
blau: sun
gelb: cold

Zeichne die gepunkteten Mandala-Linien mit einem spitzen Stift nach!
Suche zu jedem Bild von **A** bis **L** das Wort, das am besten dazu passt, und kreise es ein! Male anschließend die Lösungsfelder im Mandala in den angegebenen Farben aus! Die übrigen Felder kannst du ausmalen, wie du möchtest.

23. The year

A rot

B blau

C gelb

D rot

E blau

F gelb

G rot

H blau

I gelb

J rot

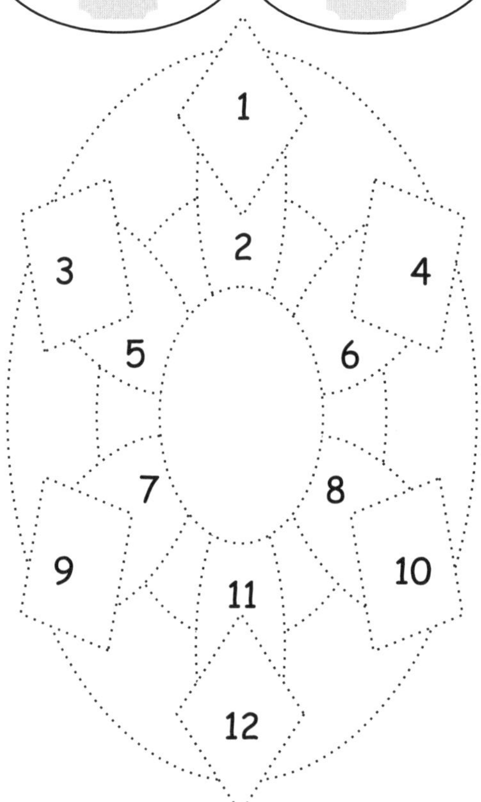

K blau

L gelb

- an Easter rabbit (1)
- New Year's Eve (2)
- autumn (3)
- a birthday (4)
- a Valentine's card (5)
- a Christmas tree (6)
- a calendar (7)
- summer (8)
- a present (9)
- winter (10)
- a party (11)
- spring (12)

Zeichne die gepunkteten Mandala-Linien mit einem spitzen Stift nach!
Suche zu jedem Bild von **A** bis **L** das zugehörige Wort!
Schreibe dessen Kennzahl in das graue Feld unter dem Bild!
Male dann die Lösungsfelder im Mandala in den angegebenen Farben aus!
Die übrigen Felder kannst du ausmalen, wie du möchtest.

Inhalt Teil 2 – Einfache Sätze

Teil 1 – Wortschatz findest du ab Seite 5

Teil 3 – Ausmal-Mandalas findest du ab Seite 53

1. People in the family

A rot

B blau

C gelb

Who is that? (4) - I'm Mark. (8) - This is my friend. (3)

D rot

E blau

F gelb

I'm nine (11) - This is my mum. (10) - I've got a brother. (7)

G rot

H blau

I gelb

What's his name? (5) - Hello Mark. (12) - How old are you? (2)

J rot

K blau

L gelb

This is my dad. (6) - What's her name? (9) - I've got a sister. (1)

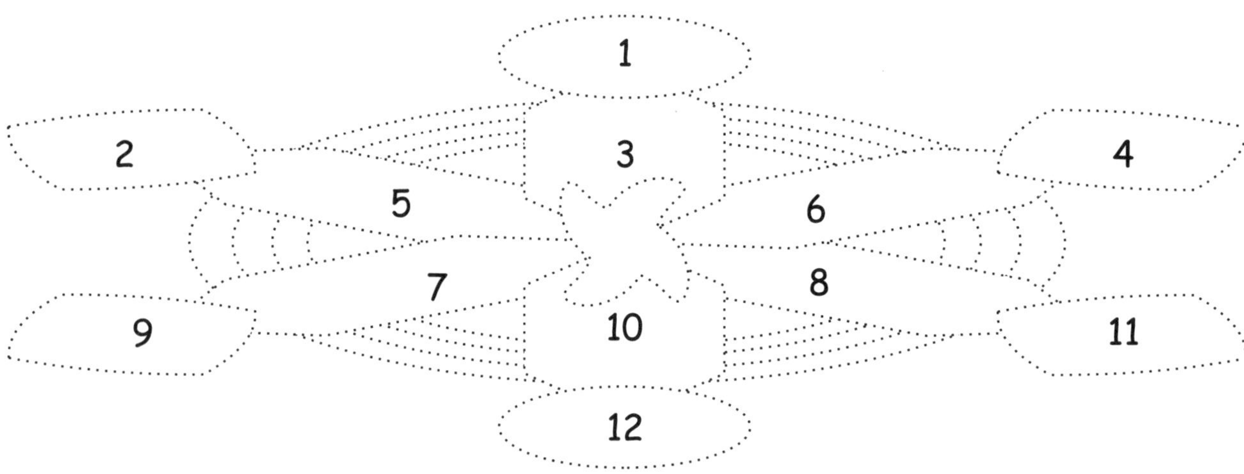

Zeichne die gepunkteten Mandala-Linien mit einem spitzen Stift nach!
Suche zu jedem Bild von **A** bis **L** den Text, der am besten dazu passt!
Schreibe dessen Kennzahl in das Feld rechts über dem Bild!
Male dann die Lösungsfelder im Mandala in den angegebenen Farben aus!
Die übrigen Felder kannst du ausmalen, wie du möchtest.

2. People in the family

A rot

B blau

C gelb

D rot

What's his name? (4)
How old are you? (1)
Hello, Mark. (10)
I'm Mark. (2)

Have you got a brother? (8)
This is my dad. (9)
I've got a brother. (6)
This is my mum. (11)

E blau

F gelb

G rot

H blau

I gelb

J rot

Who is that? (3)
I've got a sister. (12)
I'm nine. (5)
This is my friend. (7)

K blau

L gelb

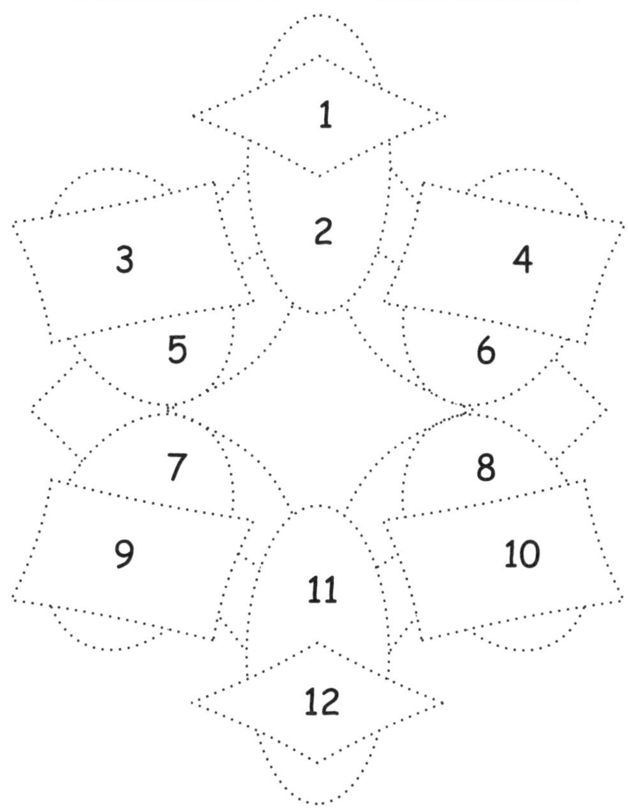

Zeichne die gepunkteten Mandala-Linien mit einem spitzen Stift nach!
Suche zu jedem Bild von **A** bis **L** den Text, der am besten dazu passt!
Schreibe dessen Kennzahl in das Feld über bzw. unter dem Bild!
Male dann die Lösungsfelder im Mandala in den angegebenen Farben aus!
Die übrigen Felder kannst du ausmalen, wie du möchtest.

3. School

A

rot: My teacher is nice.
blau: This is my friend.
gelb: Where is my satchel?

B

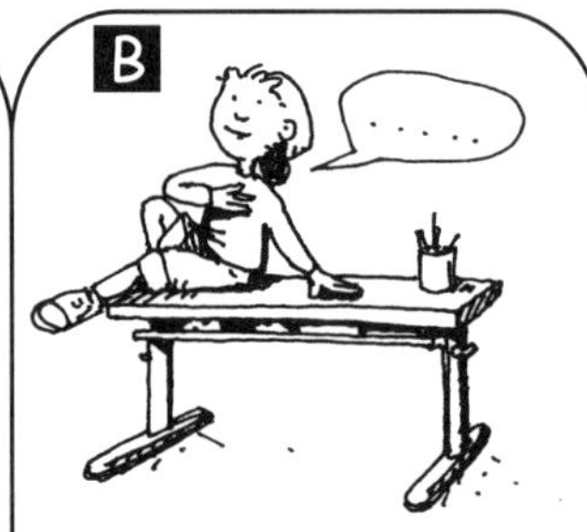

rot: This is my ruler.
blau: This is my pen.
gelb: This is my desk.

C

rot: This is my teacher.
blau: I've got a new pencil.
gelb: Is this your pen?

D

rot: I've got two pencils.
blau: Good morning.
gelb: Is this your paintbox?

E

rot: Where is my satchel?
blau: This is my friend.
gelb: My teacher is nice.

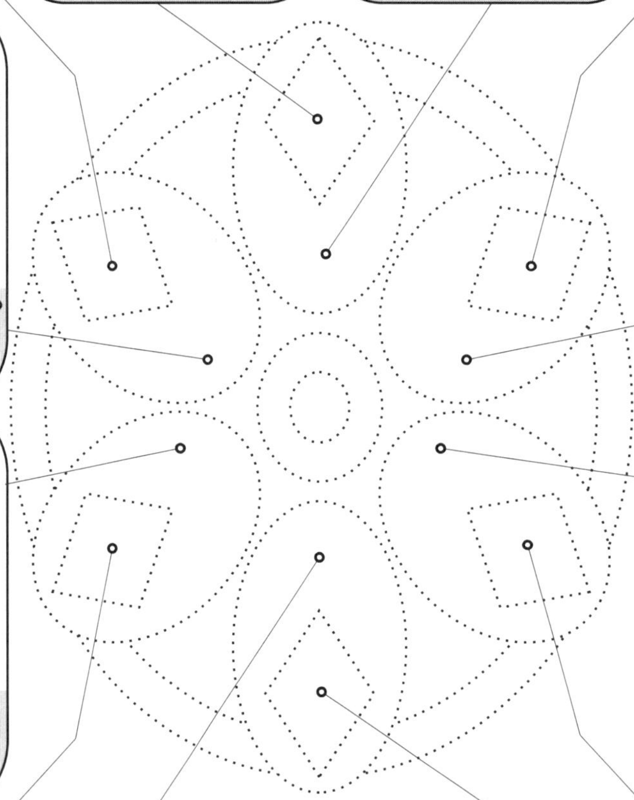

F

rot: This is my pen.
blau: This is my desk.
gelb: This is my ruler.

G

rot: I've got a new pencil.
blau: Is this your pen?
gelb: This is my teacher.

H

rot: I've got two pencils.
blau: Is this your paintbox?
gelb: Good morning.

I

rot: This is my friend.
blau: Where is my satchel?
gelb: My teacher is nice.

J

rot: This is my pen.
blau: This is my desk.
gelb: This is my ruler.

K

rot: This is my teacher.
blau: I've got a new pencil.
gelb: Is this your pen?

L

rot: Good morning.
blau: Is this your paintbox?
gelb: I've got two pencils.

Zeichne die gepunkteten Mandala-Linien mit einem spitzen Stift nach!
Suche zu jedem Bild von **A** bis **L** den Text, der am besten passt, und kreise ihn ein!
Male dann die Lösungsfelder im Mandala in den angegebenen Farben aus!
Die übrigen Felder kannst du ausmalen, wie du möchtest.

4. School

A rot

B blau
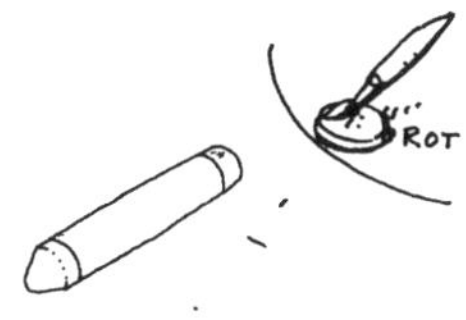

C gelb

D rot

E blau

F gelb

G rot

H blau
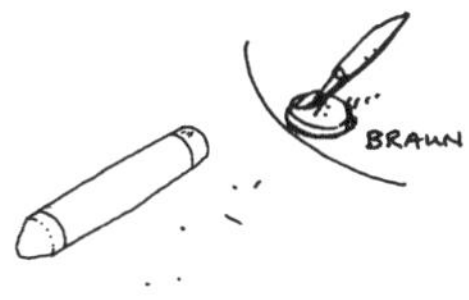

I gelb

J rot

K blau

L gelb

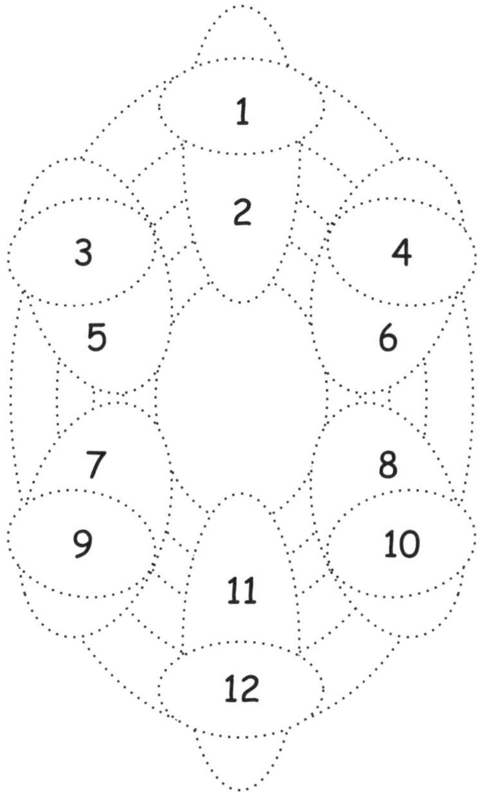

A bis D

- Paint the crayon red. (6)
- Let's draw a picture. (9)
- Is this your picture? (10)
- What colour ist your satchel? (2)

E bis H

- My satchel is yellow. (11)
- Paint the rubber white. (1)
- Paint the crayon brown. (12)
- Let's paint a picture. (4)

I bis L

- That satchel is a nice colour. (5)
- Paint the crayon yellow. (3)
- I like your picture. (7)
- Have you got a paintbrush? (8)

Zeichne die gepunkteten Mandala-Linien mit einem spitzen Stift nach!
Suche zu jedem Bild von **A** bis **L** am rechten Seitenrand den zugehörigen Text!
Schreibe dessen Kennzahl in das Feld rechts über dem Bild!
Male dann die Lösungsfelder im Mandala in den angegebenen Farben aus!
Die übrigen Felder kannst du ausmalen, wie du möchtest.

5. At home

A rot | B blau

This is our cat Tom. (5)
Where's the washing machine? (6)
Look, this is my home. (10)
Can we play in the garage? (7)

E blau | F gelb

C gelb | D rot

Have you got a dishwasher? (12)
Lets play in the garden. (8)
This is the living room. (3)
We've got a big TV. (9)

G rot | H blau

I gelb | J rot

Let's watch TV. (2)
Our washing machine is in the kitchen. (1)
This is our kitchen. (4)
There's a car in the garage. (11)

K blau | L gelb

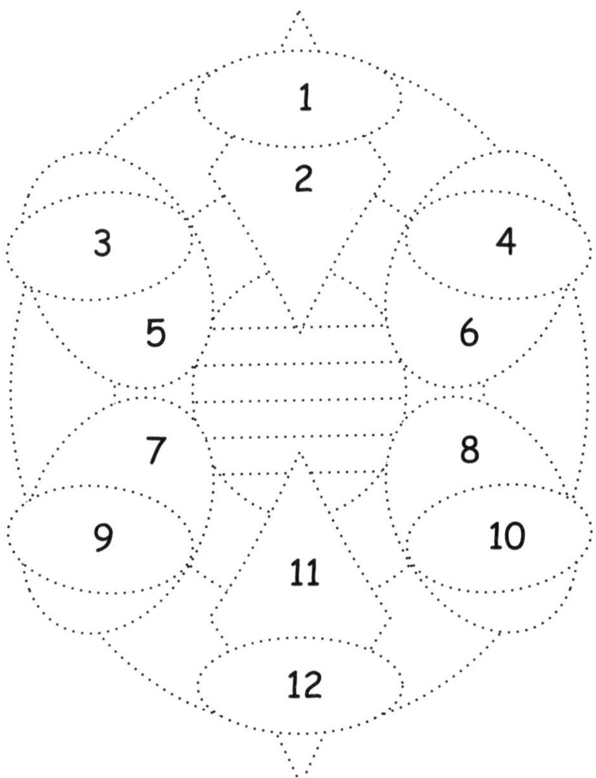

Zeichne die gepunkteten Mandala-Linien mit einem spitzen Stift nach!
Suche zu jedem Bild von A bis L den Text, der am besten dazu passt!
Schreibe dessen Kennzahl in das Feld über bzw. unter dem Bild!
Male dann die Lösungsfelder im Mandala in den angegebenen Farben aus!
Die übrigen Felder kannst du ausmalen, wie du möchtest.

6. At home

A rot

B blau

C gelb

Can we play in the garage? (8) - Let's watch TV. (3) - The bedrooms are upstairs. (7)

D rot

E blau

F gelb

There's a car in the garage. (5) - Where's your toilet, please? (9) - This is the living room. (4)

G rot

H blau

I gelb

The bathroom is upstairs. (1) - Where's the phone? (6) - We've got a big TV. (12)

J rot

K blau

L gelb

There's a mirror in the bathroom. (10) - The phone is in the hall. (11) - Let's play in the garden. (2)

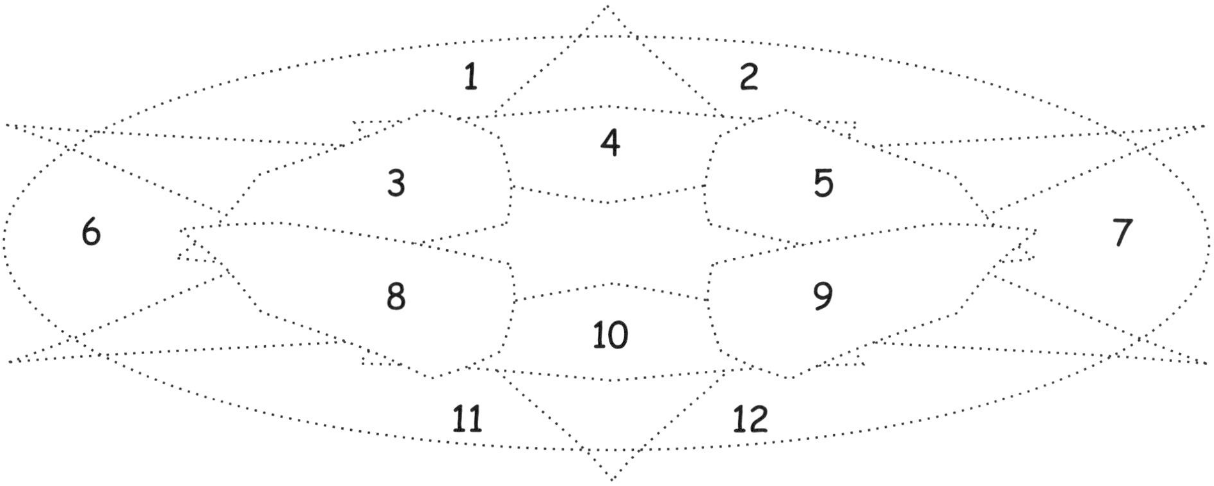

Zeichne die gepunkteten Mandala-Linien mit einem spitzen Stift nach!
Suche zu jedem Bild von **A** bis **L** den Text, der am besten dazu passt!
Schreibe dessen Kennzahl in das Feld rechts über dem Bild!
Male dann die Lösungsfelder im Mandala in den angegebenen Farben aus!
Die übrigen Felder kannst du ausmalen, wie du möchtest.

7. At home

A rot

B blau

C gelb

D rot

E blau

F gelb

G rot

H blau

I gelb

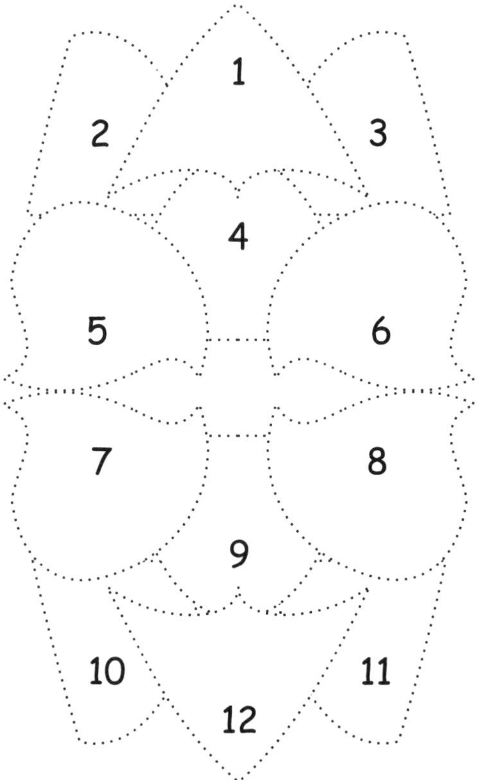

J rot

K blau

L gelb

A bis D

- The newspaper is on the chair. (2)
- The switch is over there. (5)
- The letter is on the table. (11)
- Look. I've got a computer. (4)

E bis H

- That's a funny plug. (1)
- This is my sisters room. (12)
- My dad is in bed. (10)
- I've got a carpet on the floor. (7)

I bis L

- This is my bedroom. Come in. (6)
- Please be quiet. (9)
- I've got posters on the wall. (8)
- Where's the light switch? (3)

Zeichne die gepunkteten Mandala-Linien mit einem spitzen Stift nach!
Suche zu jedem Bild von **A** bis **L** am rechten Seitenrand den zugehörigen Text!
Schreibe dessen Kennzahl in das Feld rechts über dem Bild!
Male dann die Lösungsfelder im Mandala in den angegebenen Farben aus!
Die übrigen Felder kannst du ausmalen, wie du möchtest.

8. At home

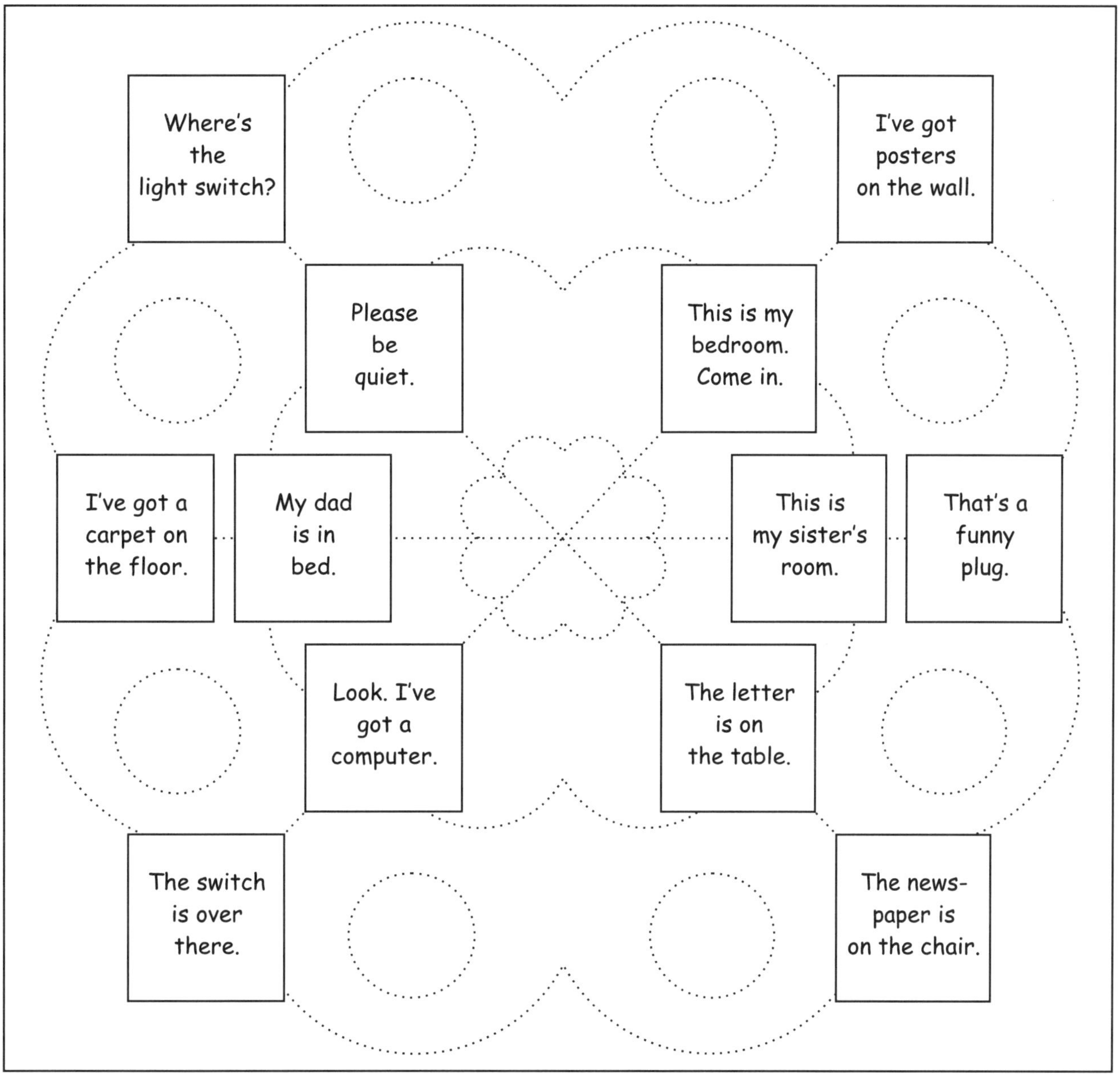

Schneide die Bilder aus!
Suche zu jedem Bild das Textfeld, das am besten dazu passt, und klebe das Bild auf dieses Textfeld!
Male das Mandala farbig aus!

9. Food and drink

A rot | B blau

I'd like a cup of tea. (12)
Have you got a spoon? (4)
Let's have a sandwich. (2)
Where's the butter? (10)

E blau | F gelb

C gelb | D rot

The butter is in the fridge. (8)
Do you want toast? (11)
I'd like a glass of milk. (9)
Do you like chewing gum? (6)

G rot | H blau

I gelb | J rot

I like Hamburgers. (7)
Can I have a glass, please? (5)
I like chocolate. (3)
I need a cup. (1)

K blau | L gelb

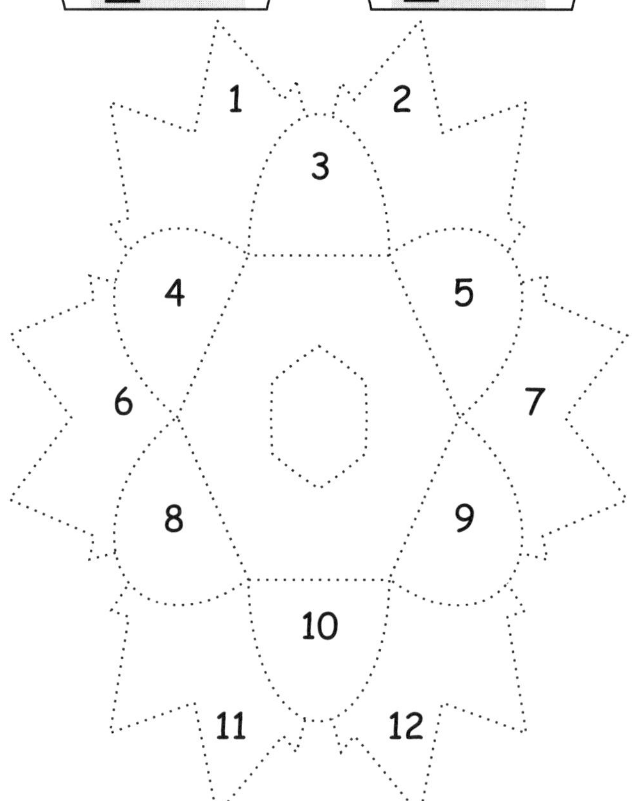

Zeichne die gepunkteten Mandala-Linien mit einem spitzen Stift nach!
Suche zu jedem Bild von A bis L den Text, der am besten dazu passt!
Schreibe dessen Kennzahl in das Feld über bzw. unter dem Bild!
Male dann die Lösungsfelder im Mandala in den angegebenen Farben aus!
Die übrigen Felder kannst du ausmalen, wie du möchtest.

10. Food and drink

A rot

B blau

C gelb

D rot

E blau

F gelb

G rot

H blau

I gelb

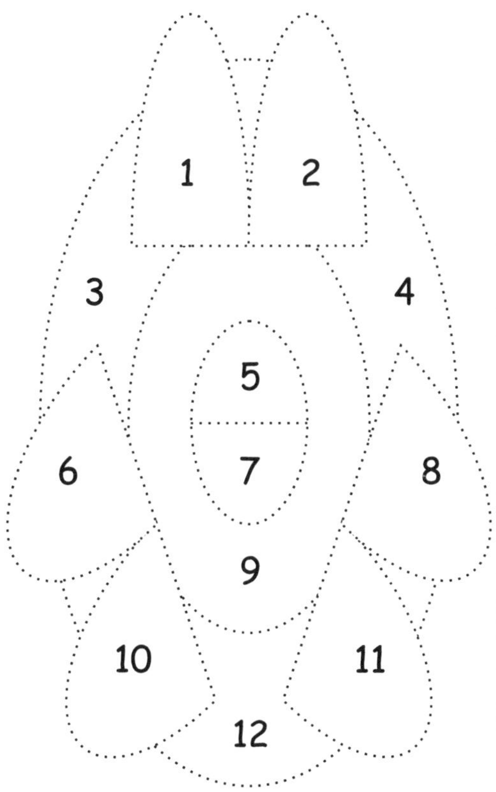

J rot

K blau

L gelb

A bis D

- Do you want toast? (3)
- My glass is dirty. (6)
- Where's the butter? (8)
- Is this pepper? (2)

E bis H

- Pass me salt, please. (9)
- The butter is in the fridge. (12)
- Give me a knife, please. (10)
- Have you got a spoon? (7)

I bis L

- Pass me the bottle-opener. (1)
- I need a cup. (4)
- I need a plate. (5)
- I haven't got a fork. (11)

Zeichne die gepunkteten Mandala-Linien mit einem spitzen Stift nach!
Suche zu jedem Bild von **A** bis **L** am rechten Seitenrand den zugehörigen Text!
Schreibe dessen Kennzahl in das Feld rechts über dem Bild!
Male dann die Lösungsfelder im Mandala in den angegebenen Farben aus!
Die übrigen Felder kannst du ausmalen, wie du möchtest.

11. Free time

A

rot: I'm good at darts.
blau: I do judo.
gelb: I can ride a horse.

B

rot: I read magazines.
blau: I do gymnastics.
gelb: I go fishing.

C

rot: I can swim.
blau: I play tennis.
gelb: I collect stamps.

D

rot: I do judo.
blau: I can ride a horse.
gelb: I play table tennis.

E

rot: Let's play in the garden.
blau: I do gymnastics.
gelb: I go fishing.

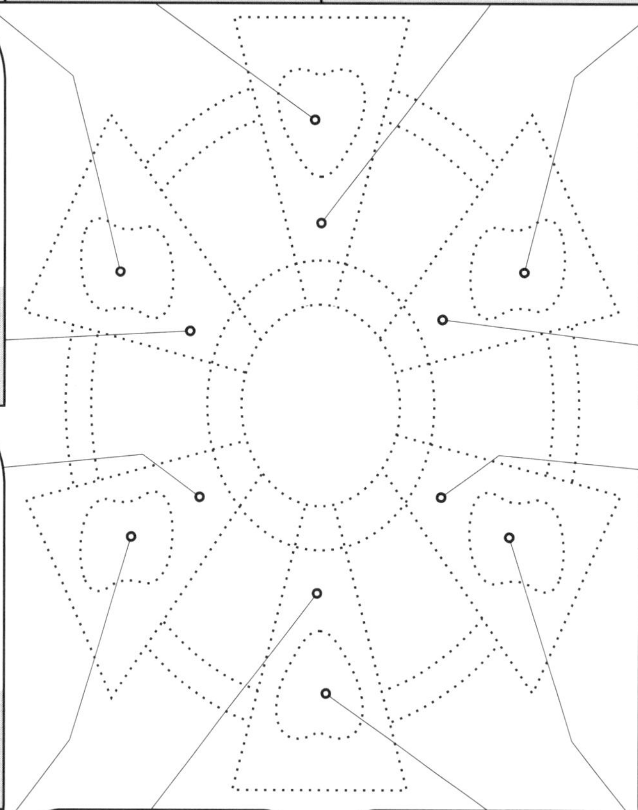

F

rot: I read magazines.
blau: I can swim.
gelb: I play tennis.

G

rot: I collect stamps.
blau: I can ride a horse.
gelb: I play table tennis.

H

rot: I do judo.
blau: I go fishing.
gelb: I read.

I

rot: Let's play in the garden.
blau: I do gymnastics.
gelb: I play tennis.

J

rot: I collect stamps.
blau: I can swim.
gelb: I play table tennis.

K

rot: I read.
blau: I'm good at darts.
gelb: I can ride a horse.

L

rot: I read magazines.
blau: I go fishing.
gelb: Let's play in the garden.

Zeichne die gepunkteten Mandala-Linien mit einem spitzen Stift nach!
Suche zu jedem Bild von **A** bis **L** den Text, der am besten passt, und kreise ihn ein!
Male dann die Lösungsfelder im Mandala in den angegebenen Farben aus!
Die übrigen Felder kannst du ausmalen, wie du möchtest.

12. Free time

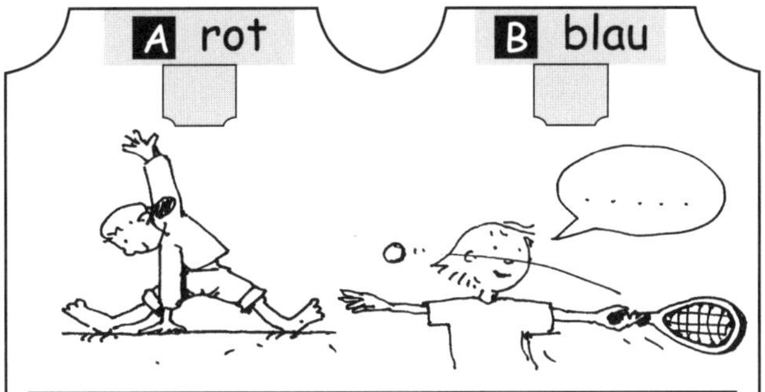

I play tennis. (6)
I go fishing. (7)
I read magazines. (11)
I do gymnastics. (4)

Let's play in the garden. (9)
I collect stamps. (8)
I read. (10)
I can swim. (12)

I play table tennis. (2)
I'm good at darts. (3)
I can ride a horse. (5)
I do judo. (1)

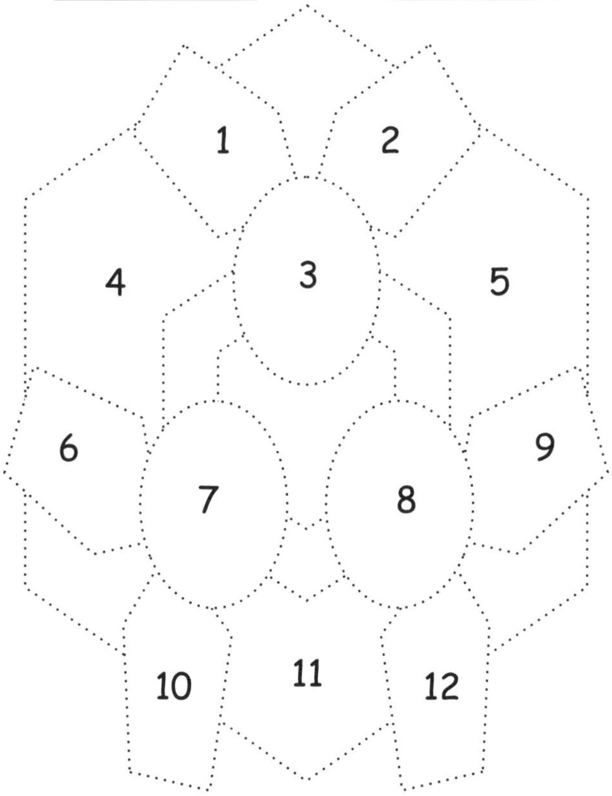

Zeichne die gepunkteten Mandala-Linien mit einem spitzen Stift nach!
Suche zu jedem Bild von **A** bis **L** den Text, der am besten dazu passt!
Schreibe dessen Kennzahl in das Feld über bzw. unter dem Bild!
Male dann die Lösungsfelder im Mandala in den angegebenen Farben aus!
Die übrigen Felder kannst du ausmalen, wie du möchtest.

13. Free time

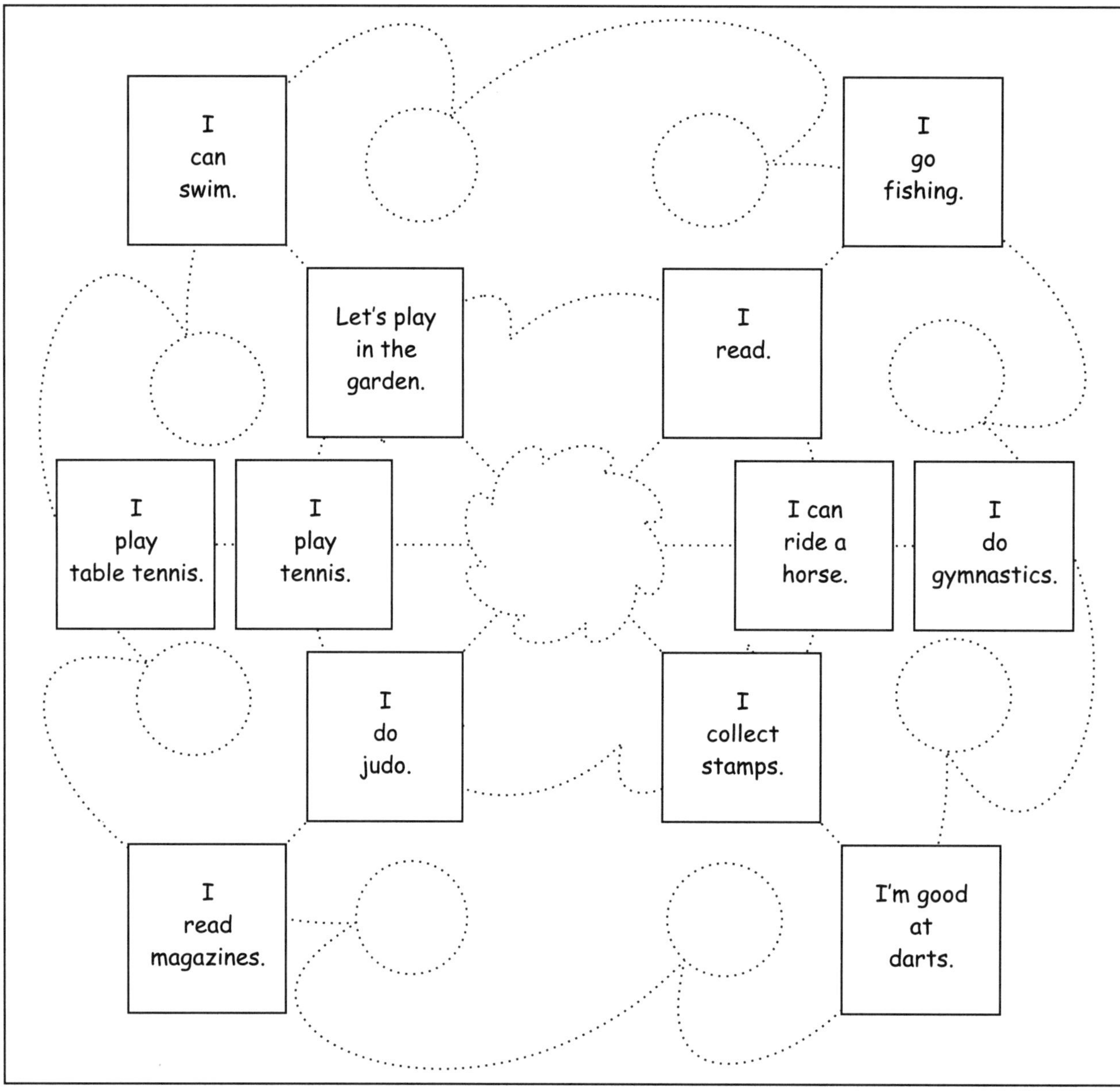

Schneide die Bilder aus!
Suche zu jedem Bild das Textfeld, das am besten dazu passt, und klebe das Bild auf dieses Textfeld!
Male das Mandala farbig aus!

14. Clothes

A rot

B blau

C gelb

I don't like this dress. (2) - Look at my cool cap! (10) - This pair of trousers is nice. (5)

D rot

E blau

F gelb

My shoes are dirty. (7) - Your T-shirt is cool. (12) - Where's my scarf? (8)

G rot

H blau

I gelb

This is my new blouse. (11) - My cap is dirty. (1) - Where are my boots? (6)

J rot

K blau

L gelb

Your boots are in the cupboard. (4) - This is my new shirt. (9) - I like this skirt. (3)

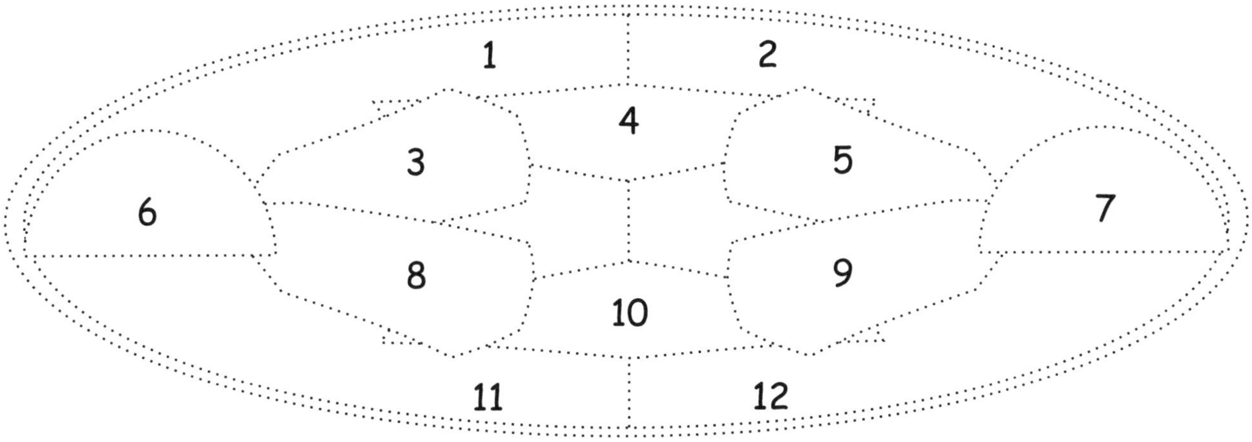

Zeichne die gepunkteten Mandala-Linien mit einem spitzen Stift nach!
Suche zu jedem Bild von **A** bis **L** den Text, der am besten dazu passt!
Schreibe dessen Kennzahl in das Feld rechts über dem Bild!
Male dann die Lösungsfelder im Mandala in den angegebenen Farben aus!
Die übrigen Felder kannst du ausmalen, wie du möchtest.

15. Clothes

A rot

B blau

C gelb

D rot

E blau

F gelb

G rot

H blau

I gelb

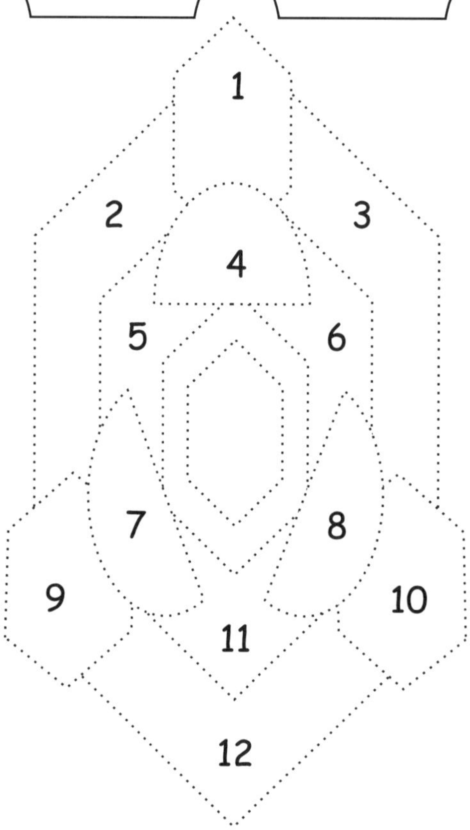

J rot

K blau

L gelb

A bis D

- Look at my cool cap! (2)
- Where are my boots? (4)
- This pair of trousers is nice. (11)
- This is my new blouse. (5)

E bis H

- I like my skirt. (12)
- Your T-shirt is cool. (3)
- My cap is dirty. (10)
- Where's my scarf? (1)

I bis L

- My shoes are dirty. (8)
- Your boots are in the cupboard. (6)
- This is my new shirt. (7)
- I don't like my dress. (9)

Zeichne die gepunkteten Mandala-Linien mit einem spitzen Stift nach!
Suche zu jedem Bild von **A** bis **L** am rechten Seitenrand den zugehörigen Text!
Schreibe dessen Kennzahl in das Feld rechts über dem Bild!
Male dann die Lösungsfelder im Mandala in den angegebenen Farben aus!
Die übrigen Felder kannst du ausmalen, wie du möchtest.

16. The body

A

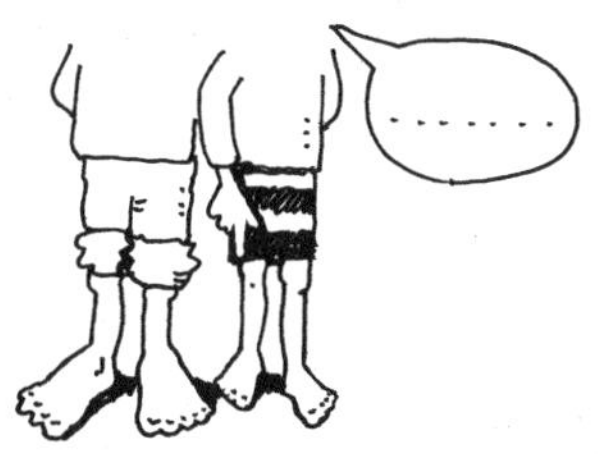

rot: Show me your tongue.
blau: Smile please!
gelb: I've got small feet.

B

rot: Are my lips red?
blau: Please sit down.
gelb: Is this toothpaste nice?

C

rot: Touch your toes.
blau: Are my teeth white?
gelb: This is my toothbrush.

D

rot: Smile please!
blau: Please stand up.
gelb: Show me your tongue.

E

rot: Are my lips red?
blau: Is my toothpaste nice?
gelb: Are your nails clean?

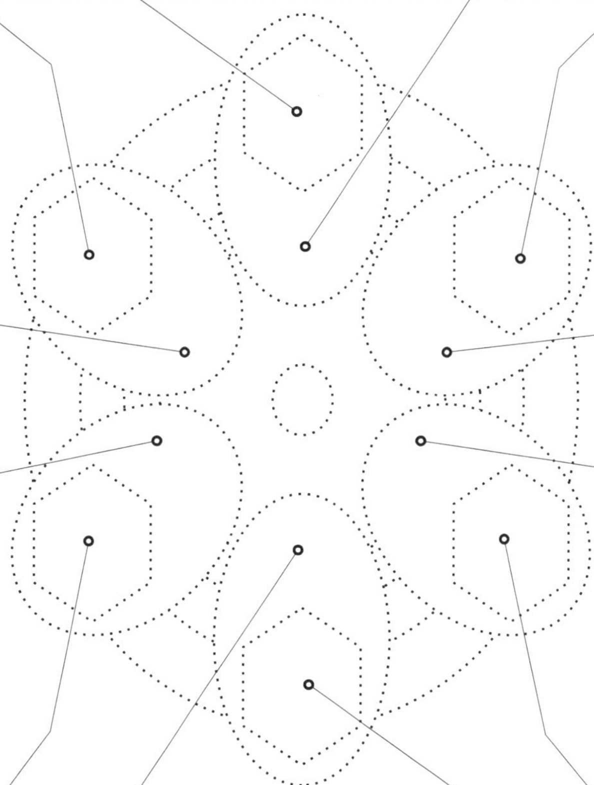

F

rot: Are my teeth white?
blau: Please stand up.
gelb: I've got small feet.

G

rot: My hair is long.
blau: Smile please!
gelb: Please sit down.

H

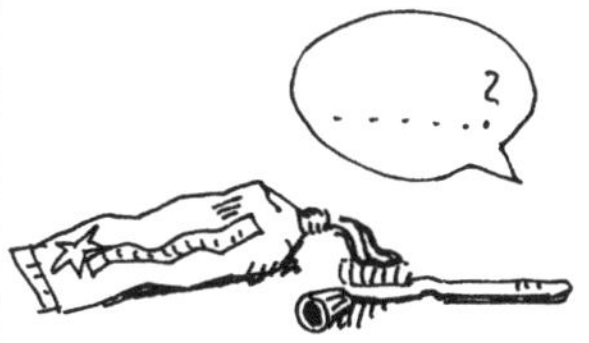

rot: Are your nails clean?
blau: Is this toothpaste nice?
gelb: Touch your toes.

I

rot: Are my lips red?
blau: Show me your tongue.
gelb: This is my toothbrush.

J

rot: Please stand up.
blau: Please sit down.
gelb: My hair is long.

K

rot: Touch your toes.
blau: My hair is long.
gelb: Are my teeth white?

L

rot: I've got small feet.
blau: This is my toothbrush.
gelb: Are your nails clean?

Zeichne die gepunkteten Mandala-Linien mit einem spitzen Stift nach!
Suche zu jedem Bild von **A** bis **L** den Text, der am besten passt, und kreise ihn ein!
Male dann die Lösungsfelder im Mandala in den angegebenen Farben aus!
Die übrigen Felder kannst du ausmalen, wie du möchtest.

17. The body

A rot

B blau

C gelb

Please sit down. (11) - Are my teeth white? (2) - There's a mouse on your shoulder! (12)

D rot

E blau

F gelb

My hair is short. (7) - My hair is long. (9) - Touch your toes. (3)

G rot

H blau

I gelb

Smile please! (6) - Are your nails clean? (1) - Are my lips red? (10)

J rot

K blau

L gelb

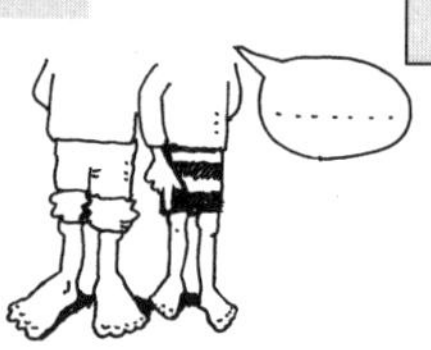

This is my toothbrush. (4) - I've got big feet. (8) - I've got small feet. (5)

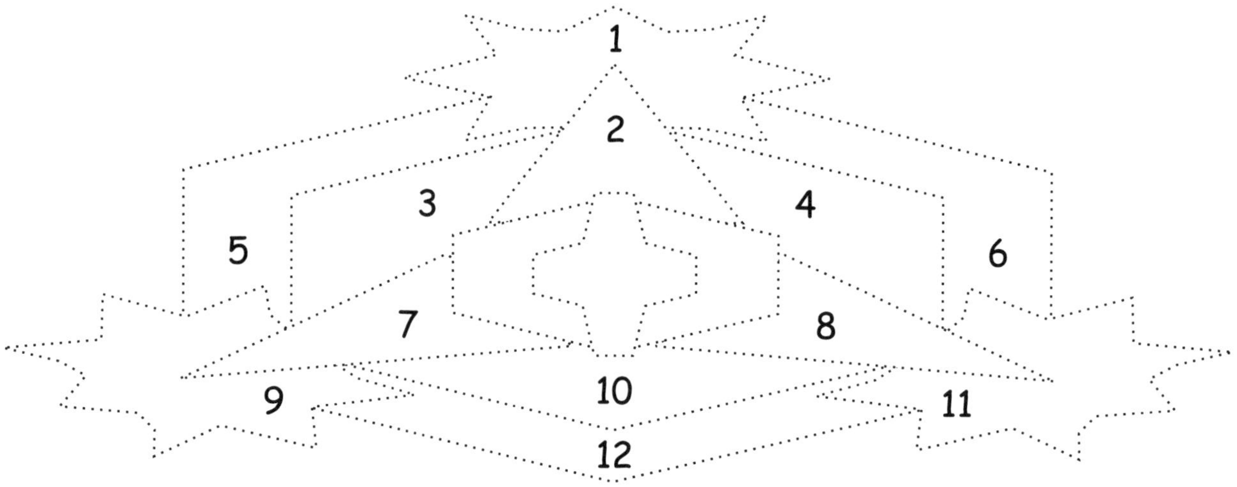

Zeichne die gepunkteten Mandala-Linien mit einem spitzen Stift nach!
Suche zu jedem Bild von **A** bis **L** den Text, der am besten dazu passt!
Schreibe dessen Kennzahl in das Feld rechts über dem Bild!
Male dann die Lösungsfelder im Mandala in den angegebenen Farben aus!
Die übrigen Felder kannst du ausmalen, wie du möchtest.

18. The body

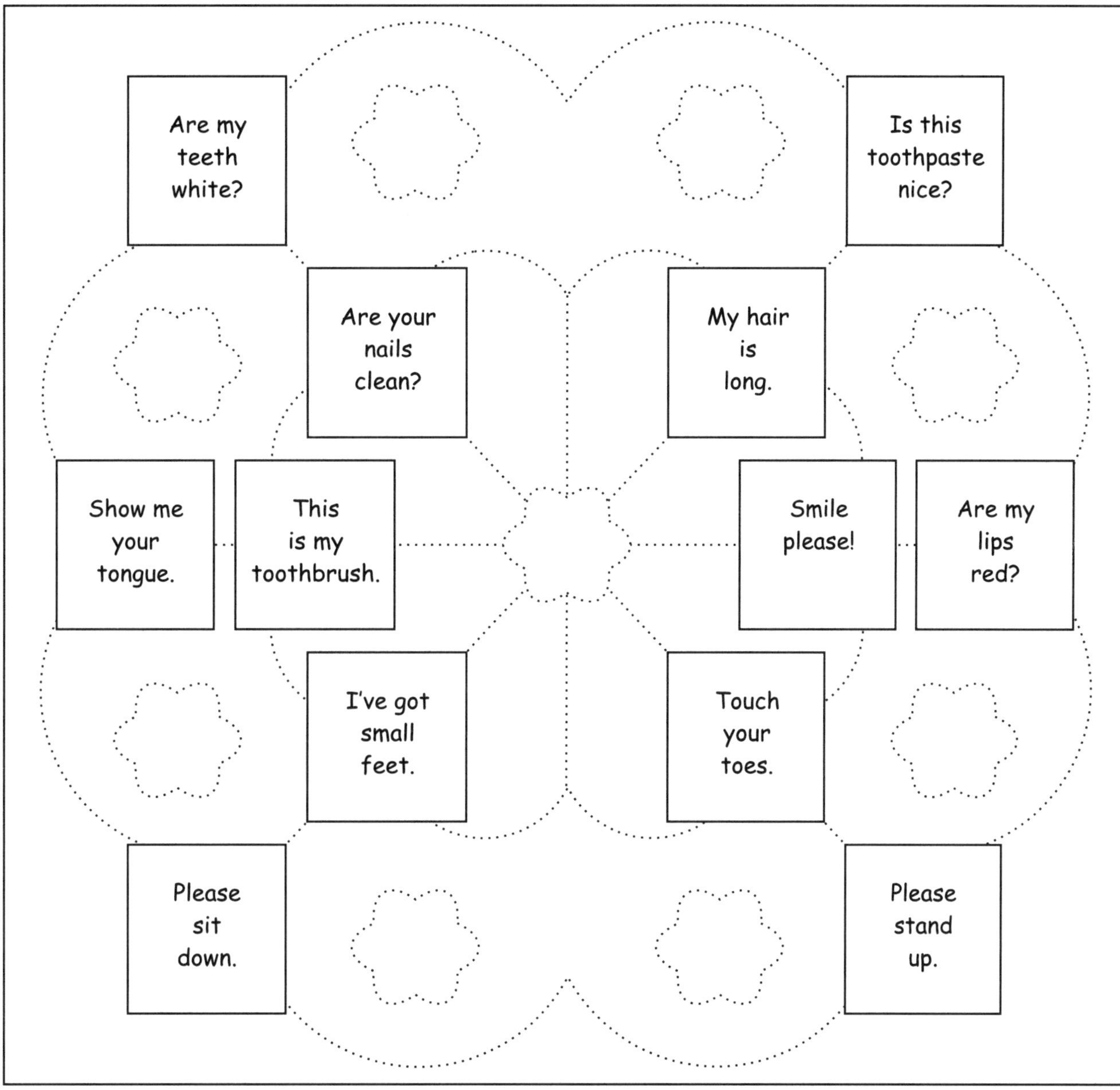

Schneide die Bilder aus!
Suche zu jedem Bild das Textfeld, das am besten dazu passt, und klebe das Bild auf dieses Textfeld!
Male das Mandala farbig aus!

19. Animals, pets and toys

A cat with her kittens. Sweet! (3)
Is it my turn? (11)
This is a good jigsaw puzzle. (5)
I've got a hand puppet. (2)

Look at the sheep and the lambs. (9)
This is my turn. (6)
Where's the plasticine? (8)
I like mice. (4)

A big dog and a small puppy. (1)
Throw the dice. (10)
I like my tortoise. (7)
A fat pig and a little piglet. (12)

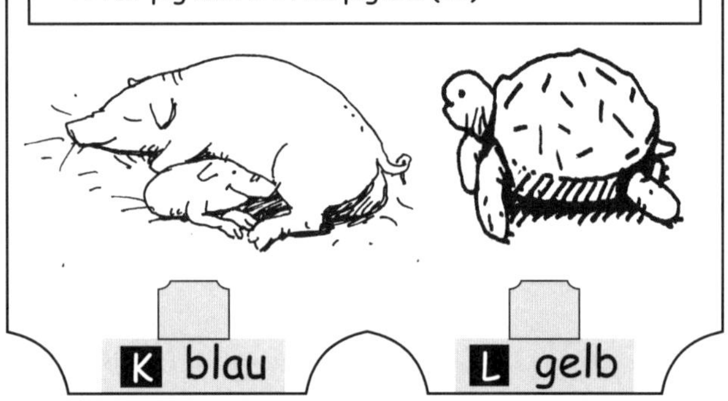

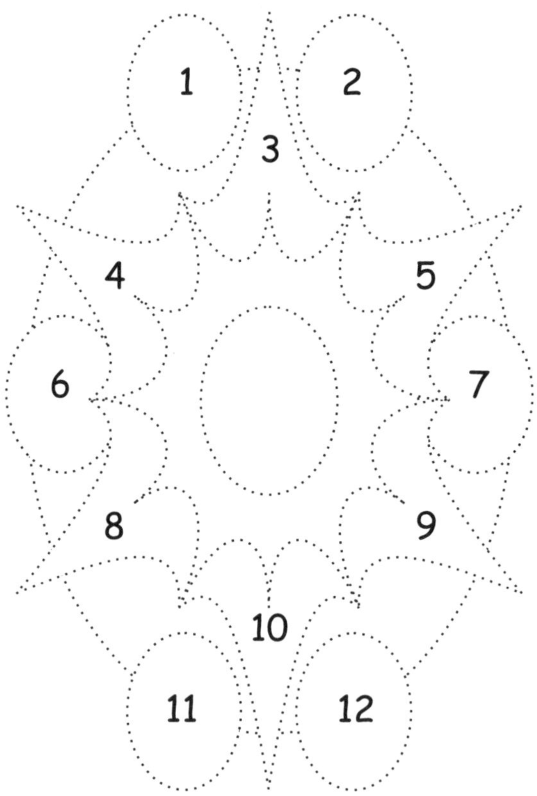

Zeichne die gepunkteten Mandala-Linien mit einem spitzen Stift nach!
Suche zu jedem Bild von A bis L den Text, der am besten dazu passt!
Schreibe dessen Kennzahl in das Feld über bzw. unter dem Bild!
Male dann die Lösungsfelder im Mandala in den angegebenen Farben aus!
Die übrigen Felder kannst du ausmalen, wie du möchtest.

20. Animals, pets and toys

A rot

B blau

C gelb

D rot

E blau

F gelb

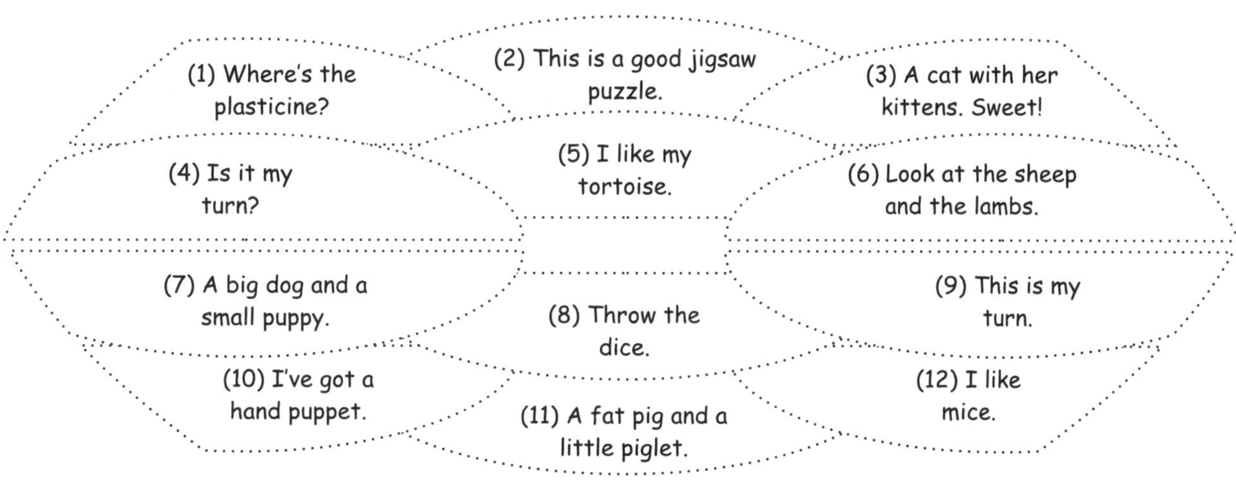

G rot

H blau

I gelb

J rot

K blau

L gelb

Zeichne die gepunkteten Mandala-Linien mit einem spitzen Stift nach!
Suche zu jedem Bild von **A** bis **L** den Text, der am besten dazu passt!
Schreibe dessen Kennzahl in das Feld oben rechts über dem Bild!
Male dann die Lösungsfelder im Mandala in den angegebenen Farben aus!
Die übrigen Felder kannst du ausmalen, wie du möchtest.

21. Shopping

A rot

B blau

C gelb

D rot

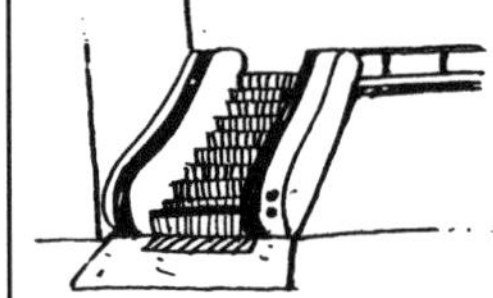

E blau

F gelb

G rot

H blau

I gelb

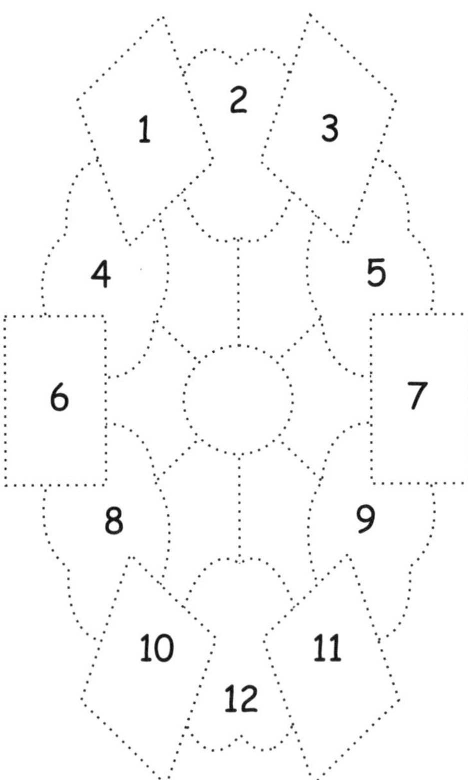

J rot

K blau

L gelb

A bis D

- The shoes are forty pounds. (12)
- Look. There's an escalator. (8)
- Where are the cubicles? (9)
- The tins are on this shelf. (1)

E bis H

- I'm a shop assistant. (3)
- Is this your money? (5)
- I like this shop. (2)
- Where's the hanger? (7)

I bis L

- Where's the clothes rack? (11)
- Here's the lemonade. (6)
- The pullover is too big. (4)
- How much is this top? (10)

Zeichne die gepunkteten Mandala-Linien mit einem spitzen Stift nach!
Suche zu jedem Bild von **A** bis **L** am rechten Seitenrand den zugehörigen Text!
Schreibe dessen Kennzahl in das Feld rechts über dem Bild!
Male dann die Lösungsfelder im Mandala in den angegebenen Farben aus!
Die übrigen Felder kannst du ausmalen, wie du möchtest.

22. Shopping

A rot

B blau

Where's the clothes rack? (7)
Where's the hanger? (9)
Here's the lemonade. (5)
The tins are on this shelf. (1)

E blau

F gelb

C gelb

D rot

The shoes are forty pounds. (11)
I like this shop. (3)
Is this your money? (12)
The pullover is too big. (8)

G rot

H blau

I gelb

J rot

How much is this top? (6)
Where are the cubicles? (10)
I'm a shop assistant. (4)
Look. There's an escalator. (2)

K blau

L gelb

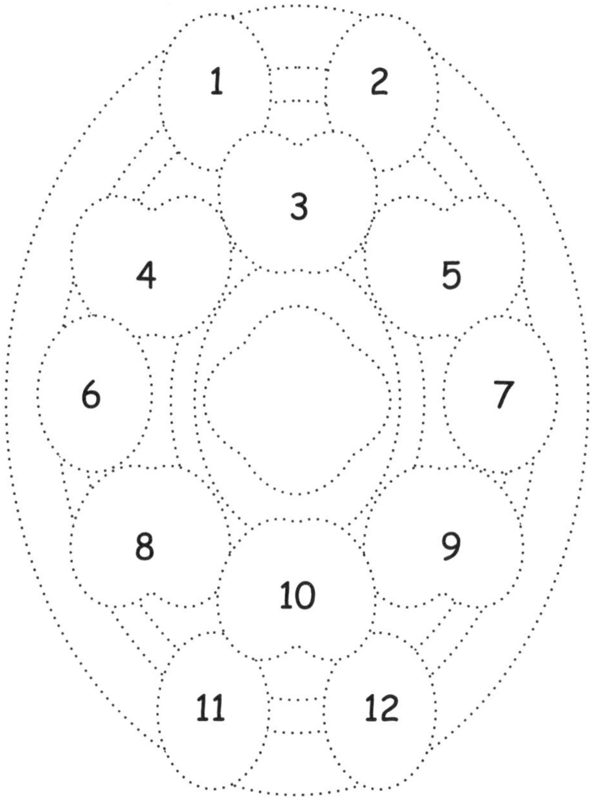

Zeichne die gepunkteten Mandala-Linien mit einem spitzen Stift nach!
Suche zu jedem Bild von **A** bis **L** den Text, der am besten dazu passt!
Schreibe dessen Kennzahl in das Feld über bzw. unter dem Bild!
Male dann die Lösungsfelder im Mandala in den angegebenen Farben aus!
Die übrigen Felder kannst du ausmalen, wie du möchtest.

23. Shopping

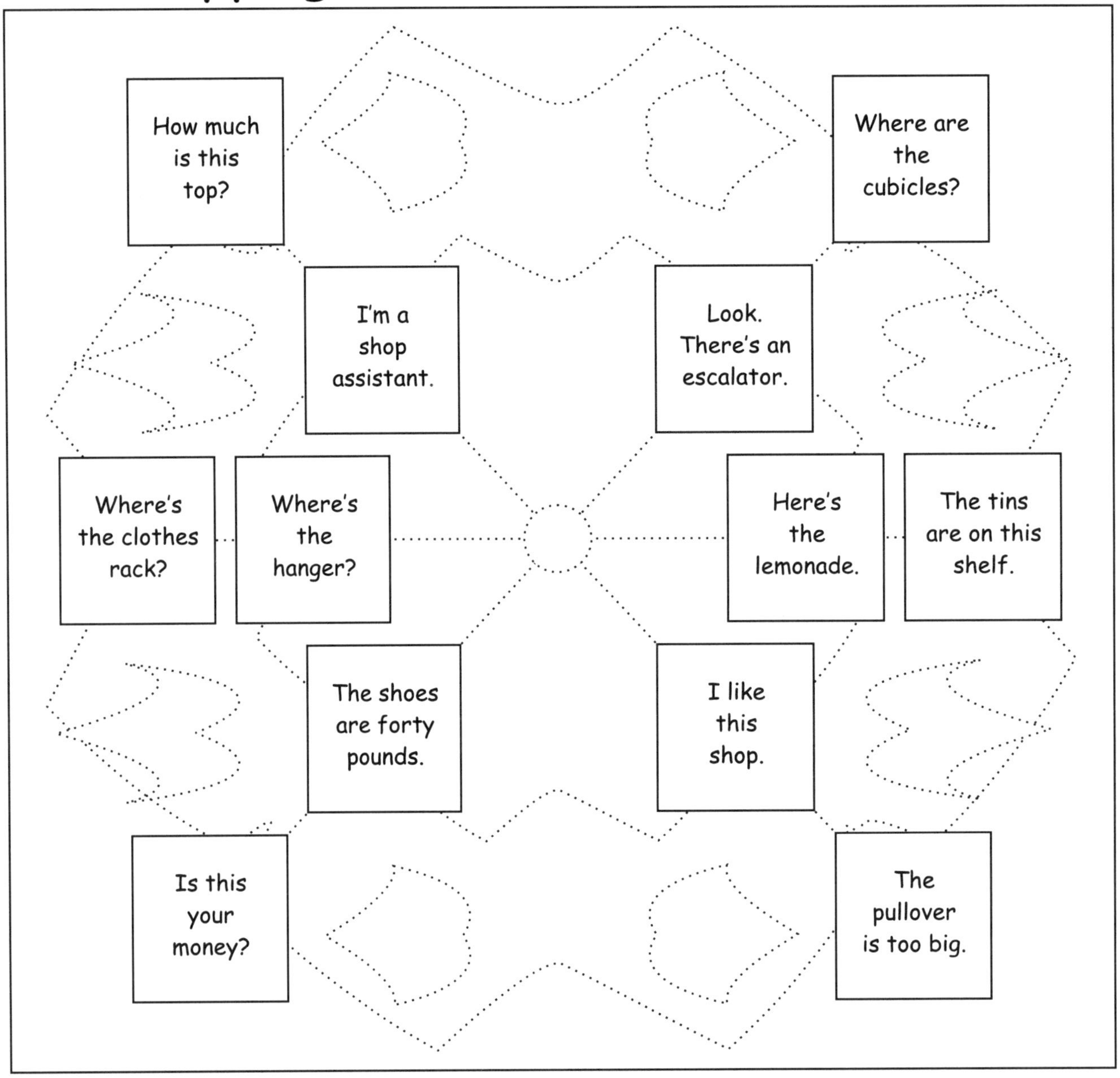

Schneide die Bilder aus!
Suche zu jedem Bild das Textfeld, das am besten dazu passt, und klebe das Bild auf dieses Textfeld!
Male das Mandala farbig aus!

Inhalt Teil 3 – Ausmal-Mandalas

Ausmalmandalas
zur Entspannung
von leicht bis schwer
Seiten 53 – 63

Teil 1 – Wortschatz findest du ab Seite 5
Teil 2 – Einfache Sätze findest du ab Seite 29

Mehr davon?

Wenn du mit *Die schönsten Lern-Mandalas Englisch* zufrieden bist, haben wir hier noch weitere Tipps:

100 Aufgaben
Kleines und großes Einmaleins
So wirst du zum Rechenkönig
3./4. Klasse

Block Broschur: A5

ISBN 978-3-12-920025-4

100 Aufgaben
So knackst du Textaufgaben
3./4. Klasse

Block Broschur: A5

ISBN 978-3-12-920024-7

Meine schönsten Lernmandalas
Deutsch
1. – 4. Klasse

Broschur: A4

ISBN 978-3-12-920068-1

Wo? Überall wo's Bücher gibt.